大数据驱动下的
新金融发展研究

杨春柏 李辉 金彪 著

·北京·

图书在版编目（CIP）数据

大数据驱动下的新金融发展研究 / 杨春柏，李辉，金彪著. —北京：科学技术文献出版社，2018.10（2019.12重印）
ISBN 978-7-5189-4824-6

Ⅰ.①大… Ⅱ.①杨… ②李… ③金… Ⅲ.①数据处理—应用—金融事业—经济发展—研究—中国 Ⅳ.① F832-39

中国版本图书馆 CIP 数据核字（2018）第 220940 号

大数据驱动下的新金融发展研究

策划编辑：周国臻　责任编辑：杨瑞萍　李　晴　责任校对：文　浩　责任出版：张志平

出　版　者	科学技术文献出版社	
地　　　址	北京市复兴路15号　邮编 100038	
编　务　部	（010）58882938，58882087（传真）	
发　行　部	（010）58882868，58882870（传真）	
邮　购　部	（010）58882873	
官方网址	www.stdp.com.cn	
发　行　者	科学技术文献出版社发行　全国各地新华书店经销	
印　刷　者	北京虎彩文化传播有限公司	
版　　　次	2018年10月第1版　2019年12月第3次印刷	
开　　　本	710×1000　1/16	
字　　　数	203千	
印　　　张	12	
书　　　号	ISBN 978-7-5189-4824-6	
定　　　价	52.00元	

版权所有　违法必究

购买本社图书，凡字迹不清、缺页、倒页、脱页者，本社发行部负责调换

前　　言

现代科技已成为一股强大的驱动力量。金融与科技的融合，逐渐构筑起金融的新业态，推动了传统金融的转型发展，凸显了金融决策的科学性和时效性。

近年来，大数据技术日趋成熟，大数据技术掀起了各行各业的变革浪潮，无论是政府管理、信息传播，还是市场营销、金融服务，都越来越依赖大数据，大数据产业化发展步伐加快。大数据技术为人类创造了巨大的社会财富，它对社会经济的推动作用是不可估量的。2015年10月，国家大数据战略被纳入中国"十三五"规划中。占据"数据高地"，优先掌握可靠数据，成为各个行业发展的共同需求。

在大数据浪潮中，金融行业同样面临着转型发展的问题，大数据在金融领域的应用向深入推进，金融变革势不可当。大数据金融已成为金融创新的有力支撑，从互联网货币基金到量化投资，从证券公司与科技公司的合作到区块链金融的成熟，金融领域呈现新的发展局面。有学者指出："大数据是互联网金融的基石。基于大数据的互联网金融既是金融的新业态，也是金融体系功能提升和结构变革的推动者。"在金融行业的未来发展中，大数据的价值将更加彰显，金融的智能化特色也会得到充分展现。

然而，随着互联网和大数据的深入应用，金融行业的安全与监管问题日益突出。在金融监管中，如何有效保护用户隐私，控制数据风险，成为人们普遍关注的一项重大课题。现阶段，我国金融信息技术对外依赖程度较高，金融监管法律法规有待完善，金融行业的从业人员素质参差不齐，金融变革仍然面临诸多挑战。基于互联网和大数据在金融领域的应用，金融用户的财产安全问题愈加严峻。因此，在强化大数据应用的同时，有效解决金融安全问题，是世界各国的一致诉求。

本书从大数据在金融领域的具体应用、金融监管新模式、区块链金融、金融模型构建、科技金融的未来探索等多个层面出发，探讨大数据驱动下金融业的新发展。一方面，大数据在金融领域的应用为金融发展注入了活力，推动了金融新业态的形成；另一方面，大数据技术也为金融行业带来了巨大挑战，因而在推进大数据技术研究的同时，提高数据使用者的素质显得更为迫切。总体来看，大数据为金融的新发展带来了机遇，在新环境下要持续推进大数据金融的科学研究，促进金融发展，深化人们对金融的新认识。

在本书的创作过程中，笔者参阅金融领域的大量研究资料，以期对大数据应用背景下的金融新形态和新发展做出深入剖析。然而，由于笔者能力与精力有限，本书难免存在不当之处，敬请广大专家、读者不吝指正。

目 录

绪论　大数据与新金融　/ 1
　　第一节　大数据的界定及其核心　/ 1
　　第二节　大数据金融的理论基础　/ 7
　　第三节　大数据引发金融业变革　/ 14

第一章　新时代金融业的新发展　/ 24
　　第一节　数字货币　/ 24
　　第二节　P2P 网络借贷　/ 28
　　第三节　第三方支付　/ 30

第二章　大数据在金融领域的具体应用　/ 35
　　第一节　大数据与保险　/ 35
　　第二节　大数据与资产管理　/ 44
　　第三节　大数据与量化投资　/ 48

第三章　数据挖掘技术在金融领域的应用　/ 56
　　第一节　数据挖掘技术在金融领域的应用现状　/ 56
　　第二节　数据挖掘技术在银行信用风险管理中的应用　/ 62
　　第三节　数据挖掘技术在客户管理关系中的应用　/ 72

第四章　大数据驱动下的金融监管新模式　/ 87
　　第一节　规范大数据在金融企业的使用　/ 87
　　第二节　强化大数据应用下的隐私保护　/ 94
　　第三节　利用大数据实施反欺诈检测　/ 99
　　第四节　创设大数据金融征信新体系　/ 103

第五章　大数据驱动下的区块链金融新模式　/ 109
　　第一节　区块链的基本理论　/ 109
　　第二节　区块链对金融业的影响　/ 112
　　第三节　区块链金融的应用场景　/ 119
　　第四节　区块链与金融大数据相融合　/ 123

第六章　大数据驱动下的金融模型构建　/ 130
　　第一节　SPSS 统计模型　/ 130
　　第二节　SAS 金融数据挖掘模型　/ 141

第七章　技术驱动下科技金融的未来探索　/ 160
　　第一节　科技金融的内涵与发展历程　/ 160
　　第二节　科技创新与金融创新共同发展　/ 163
　　第三节　技术驱动下金融的发展方向　/ 169

参考文献　/ 181

绪论　大数据与新金融

第一节　大数据的界定及其核心

在互联网技术的强大支撑下，数据在金融领域的重要性日益凸显。掌握数据资源，挖掘数据价值，成为企业关注的焦点，也是企业赢利的需要。在新的发展环境下，了解并科学运用大数据，已成为包括金融业在内的各行各业制胜的关键。

一、大数据的界定

(一) 大数据的内涵

大数据的概念较为抽象，"数据"是从广义层面上而言的，囊括结构化数据和非结构化数据。大数据中的"大"既形容数据量多，又形容数据产生和变化的速度非常快。大数据的内涵主要体现在数据类型、技术方法和分析应用3个方面。

1. 数据类型方面

在数据类型上，无论是结构化与半结构化的交易数据，还是大规模的非结构化数据，都可纳入大数据的范畴。换言之，大数据就是涵盖各类数据的数据集，如社交平台运营中产生的数据，金融交易过程中生成的数据。

2. 技术方法方面

大数据技术的关键在于，从繁杂的数据中提取所需信息，并实现对数据价值的利用。大数据有其自身的生命周期，总体上看，大数据处理技术体现存储、挖掘、分析三大方面。其中，大数据挖掘主要采用的是分布式挖掘和云计算技术。

3. 分析应用方面

大数据分析应用的关键在于，借助一定的技术手段对数据集合做出分析，从中提取有价值的信息。在实践中，数理统计法的应用已经成熟。数据分析往往要依靠计算机和人工共同完成，其中，计算机是实施自动化分析的有效工具，人工则在数据选择与参数设立上起到关键性作用。

(二) 大数据的价值

大数据最大的价值是能够通过挖掘数据之间的相关性，把模糊的、隐含的、时滞性的问题，以可视化的、明确的、预演的方式展现出来，以便于决策和管理单元采取措施，改变所暴露的问题。这和传统的数据分析有着明显的不同，以往的数据分析或商业智能，更多的是面向过去已经发生的，而大数据面向未来即将发生的。对金融行业来说，大数据具有以下多方面价值。

1. 销售机会增多

对于金融企业而言，可根据获取的交易数据，以及了解用户的个人资料、浏览行为等各种数据，科学把握消费者的意向，进而有针对性地进行产品生产、改进和营销。例如，百度通过分析客户的搜索历史有针对性地进行广告推送，阿里根据天猫用户特征包下生产线定制产品，这些都是基于互联网用户行为而进行的精准营销。

2. 客户服务改善

大数据的应用可以有效地改善客户服务。大数据不仅可以分析量化数据，还可进行文本、语音分析。在客户体验方面，通过对交易数据、多渠道交互数据、社交媒体数据等的全面分析，帮助企业真正了解客户需求，并预测客户未来行为，从而为客户提供更好的服务。在客户情感分析方面，通过对客服中心、社交媒体等数据的文本分析、语音分析，洞察客户情绪变化，分析客户的兴趣点、异常行为、意见、态度等，指导相关部门制定销售策略、市场策略等，并优化改进客户服务。

3. 客户流失预警

开发新客户往往比留住老客户要付出更高的成本。大数据技术的应用可以预警客户流失，减少客户流失率。大数据技术是科学分析客户行为的有力支撑，有助于把握导致客户流失的因素，如客户对产品不满意、对服务不满意等，以便企业及时采取策略，进行积极有效的改进。通过研究发现，客户在放弃某一产品之前，或者会密切关注其他类似产品，或者已经产生了购买相关产品的行为，大数据技术恰恰为掌握这些情况提供了可能。

4. 金融产品创新

大数据应用为金融行业突破传统金融产品带来了革新。例如，金融贷款产品正在从抵押贷款向无抵押贷款演变，通过大数据应用建立信用评估机制，极大地提高了信用风险评级的及时性和准确性，抵押贷款模式正在逐步被信用贷款模式所取代。

5. 运营效率提升

借助大数据分析和预测模型，能实现对客户消费模式和购买需求的分析，针对其个性需要展开精准营销，大大提升销售运营效率。在业务流程方面，通过大数据在存储和处理方面的优势，各种数据可被直接推送到需要这些信息的岗位，信息传递的中间环节被压缩，业务流程得到简化，从而带来巨大的效率提升空间。在资金需求预测方面，可以借助大数据构建资金需求预测模型，实现对资金需求的有效预算，帮助金融企业提高周转效率。

6. 商业模式创新

互联网和大数据技术在金融领域的渗透与应用，有力推动了传统金融的变革，对传统金融的发展带来了巨大挑战，颠覆了信息不对称的原有格局。例如，在网络贷款业务中，可通过分析贷款者的相关行为数据得出违约率的大小，据此确定是否提供贷款及贷款额度。保险业务的发展亦是如此，可在分析保险主体相关行为数据的基础上做出差别定价，如通过对人体的心率、体重、血脂、血糖、运动量、睡眠量等数据分析，预测客户的健康指数，帮助人身保险公司提高客户识别率，以此制定个性化的费率和承保方案。

7. 风险管控加强

由于金融的本质是对风险的控制和管理，这一特点决定了金融机构在风险管控方面的重视程度远远高于其他行业。风险管控是金融企业运营中的一个重要组成部分。风险发现得越早，挽回损失的概率越大。大数据的运用将有助于金融企业大大提升风险管控能力，通过对最底层交易数据的全面甄别与分析，使企业能够提高风险透明度，实现事前预警、事中控制。例如，大数据可以帮助银行建立动态的、可靠的信用系统，识别高风险客户及各种交易风险，进而有效地进行防范和控制。

金融行业的业务范围是由客户、交易、资金、场所共同组成的联合体，任何一个要素的变化，都有可能带来意想不到的价值。

二、大数据的核心——整理、分析、预测、控制

从根本上而言，大数据应用的关键并不在于所掌握的数据量，而在于所掌握的数据能发挥多大的价值。如果仅仅将大规模的数据存放起来，那它就不具备价值。因此，大数据的价值就体现在它的应用上。数据收集和存储的行为必然与其实际应用密切关联，如果数据不能在应用上发挥自身价值，大数据的整理、分析等行为就会徒劳无功。

（一）整理

大数据的整理通常要获得 2 种成效：①将梳理好的数据存放到特定地方；②为数据检索和调取提供便利。对于同样的数据，如果采用的整理方法相异，其成效也会有所区别。

在数据整理上，美国国会图书馆就是一个典型例子。在国会图书馆的发展历程中，曾经存在这样一个问题：信息量疯狂增长，存储文件极多，删除这些信息显然会破坏整个图书馆的运营秩序，因而找到整理这些数据的方法就极具迫切性。面对这一问题，技术团队经过艰辛探索才能制定出检索方案，以保证用户便捷获取信息。在网络工具广泛应用的浪潮下，人们都趋向于电子阅读来替代阅读纸质书。

进入 21 世纪以来，美国国会图书馆开始实施整理归档工作，由于当时并未运用社交网络，数据增长偏慢，整理工作易于推进。但随着推特网站的应用，数据量疯狂增长，导致归档工作面临巨大挑战。如果仍然沿用传统的以磁带为载体的存储方式，信息查询耗时较多。国会图书馆的工作人员一度认为，要完成巨量数据的整理工作就是天方夜谭。若无法顺利完成归档工作，则会产生两大问题：一方面，图书馆必须承担起保管数据的职责，不可随意删除，数据管理难度极大；另一方面，用户在需要某些信息时无法便捷获取，影响其查阅需求，用户体验变差。

影响推特信息整理的因素主要有 2 个：①数据规模过大；②新数据不断生成并大量累积。犹如微博，时时刻刻都会产生大量数据信息，同时信息种类日趋多元化，经常使用微博的人对此一清二楚。传统方法在新的数据更新特性面前，面临失效的风险。

国会图书馆的一个工作人员指出：如何寻找解决方案？道路是曲折的，起初，

工作人员尝试分布式和并行计算方案，但这种做法存在的一个突出问题就是成本过高。要显著提高信息搜索的便捷性，甚至需要利用数千台的服务器完善基础设施，这同样面临成本过高的问题，对于非营利机构而言并不现实。

经过积极探索仍然未能找到适宜的数据整理方法，后来大数据工程师的介入有效解决了这一难题。大数据工程师在了解图书馆实际情况的基础上，提供了切实可行的方案，即采用分类处理的方式。在其技术支持下，图书馆的旧数据和新信息得到有效整合，数据库的及时更新得以实现，用户检索更加便捷。

（二）分析

面对规模大、成分复杂、来源多样的数据，如何快速做出科学分析是大数据应用中的一个重大问题，这是实现数据价值利用的必要前提。

数据分析是大数据应用的关键一环。现阶段，以下几个问题备受关注：如何进行数据预处理？如何保证用户便捷查询信息？如何借助数据挖掘与分析技术来综合把握完整的大数据内容？面对规模庞大的数据，传统的分析方法显然会使人力不从心。

但值得注意的是，数据无法取代人的思考，因而要深入把握数据信息的真实价值，以摆脱对数据的依赖，实现对数据的高效利用，让数据为人所服务。从本质上看，大数据分析过程就是挖掘数据内在价值的过程，获取有用信息，把握数据的真实价值，是科学决策的基础。

无论拥有多么先进的大数据分析技术，在数据分析之前必须把握数据的真正含义。如果你对于数据是陌生的，那么作为一个决策者来说，你对于自己的事业就是十分危险的。目前，很多产品经理往往在并未充分认识数据真正含义的情况下，对产品设计做出调整，一些高层管理者也容易仅仅依照数字逻辑做出判断，这都可能会造成适得其反的结果。

（三）预测

基于大数据技术的应用，数据整理和分析已成为现实，同时对于数据内在价值的把握有效提高了决策的科学化水平。强化数据的预测功能可以协助企业管理者科学决策，辅助政府管理。无论是企业决策还是政府管理，都不能一味地依靠直觉与经验，最明智的做法就是将经验与数据结合起来。

IBM公司开发了一种结合天气和电力预测的智能系统，该系统利用了大数据分析与天气建模技术，是世界领先的能源电力解决方案，对于强化可再生能源的可预测性做出了巨大贡献。这项技术借助天气建模能力、先进的云成像技术和天空摄像头,接近实时地去跟踪云的移动,而且可用于监测风速、温度及方向。借助大数据的预测功能,可为风电企业提供天气预测情况,从而达到减少碳排放量、提高能源产量的目的。

这种预测能力能促进生产模式的升级,可应用到天然气、煤炭等诸多行业。不仅在实体产业,而且非制造业的服务产业对于大数据预测的需求也明显提高,有着更广阔的市场。我们每个人都将从中受益无穷。

(四) 控制

基于大数据的整理和分析,它将赋予人们强大的洞察力,体现不可比拟的控制功用。这种控制性一方面能让人获取各种信息,另一方面有助于保证自己不受威胁,维护企业信息安全。

有专家指出,未来必然需要大量的数据分析专才。这足以表明,大数据应用已具有一定的广泛性。社交领域、舆情分析等方面的大数据挖掘和应用,对于资讯管理、了解民意作用突出。谁具备较高的大数据分析与应用能力,谁就能表现出更大的控制力。

要具备强大的控制力,就必须懂得管理杂乱、多样的非结构化数据,管理能力高,则能通过数据整理与分析获取有价值的信息,进而为企业决策与政府管理提供依据,促使一切创新行为都有数据支撑。进入大数据时代,一些公司已经开始从各个渠道挖掘数据,并引进大数据工程师,建立数据中心。同时,仍然有很多企业并未认识到数据的价值,或是认同数据的价值但仍徘徊在门外。对大数据的应用程度,在很大程度上影响着企业的发展程度,越是掌握有效信息的公司,越具备强大的洞察力,其决策也会更具科学性和预见性。

在大数据发展中,大数据的有效控制关键在于"日志管理",即从各个渠道挖掘各种数据,保证数据的全面性,然后在数据整合的基础上建成索引库,注意突出检索界面的便捷性。要想提高数据利用率,就应使数据关联化和规范化,具备报告、反馈与防卫入侵的能力。无论是电商网站还是企业官网,都高度重视这一点。然而,现阶段仍然有很多公司并未使用"日志管理",而只是借助电脑系统原有的普通日志实施数据管理,或是利用电子表格来完成。也有受访者表示,他们根本没有对日志(数据)进行管理。国内对大数据核心的认识和应用仍处于探索与尝试阶段,深化人们对大数据的认识,促进"日志管理"方案的推广,是不容忽视的一个重大问题。

第二节 大数据金融的理论基础

一、大数据金融的基本内涵

大数据金融是大数据技术应用于金融业的产物，体现鲜明的技术特征。大数据技术在金融领域的应用，就是在数据挖掘与分析的基础上，更有针对性地为用户提供金融产品与服务，为用户带来更佳的消费体验，优化金融交易模式，净化金融环境，促进金融的创新发展。

金融行业的大数据大致分为以下三大类。

（1）传统的结构化数据，如各种数据库和文件信息等。

（2）社交媒体为代表的过程数据，涵盖了用户偏好、习惯、特点、发表的评论，朋友圈之间的关系等。

（3）日益增长的机器设备及传感器所产生的数据，如柜面监控视频、呼叫中心语音、手机、ATM 等记录的位置信息等。

根据金融行业的分类，可以将大数据金融细分为大数据银行、大数据保险和大数据证券。差异化车险定价，是大数据应用于保险行业的一个典型。具体而言，就是参照驾驶信息制定不同层级的车险价格，如果车主乐于遵守驾驶规范，就可为其提供价格较低的车险；而对于违章较多的车主，则为其提供价格较高的车险。信用卡自动授信是大数据在银行业的应用，银行根据用卡客户数据确定是否授信及计算信用额度。机器人投资是证券领域对大数据应用的典范，证券公司通过分析影响股价的多维因素创设模型，促进股票选择的自动化和智能化，科学把握交易时机。

二、大数据金融的基本特点

大数据金融与传统金融相比，表现了以下几个方面的特点。

（一）呈现方式网络化

在大数据金融的发展环境中，金融产品与服务更多地通过网络渠道提供给客户，如网络借贷、资产管理、P2P、金融咨询等，都会越来越依赖网络，线上金融交易将获得大发展。现阶段，网络可分为固定网络与移动网络 2 种，随着移动网络的广泛应用，移动网络在大数据金融业务中的重要性将更加凸显，客户购买金融产品、享受金融服务的便捷性将显著提高。

（二）风险管理有所调整

在风险管理理念上，财务分析、可抵押财产或其他保证的重要性将有所降低，其中，财务分析属于第一还款来源，可抵押财产或其他保证则属于第二还款来源。同时，交易行为的真实性、信用的可信度将更多地以数据方式反映出来，风险定价方式的革新势在必行。在客户评价上，立体性、真实性将更加凸显，而抽象性和模糊性将被打破。

（三）信息不对称性降低

基于大数据在金融领域的深入应用，金融产品、金融服务的提供方与消费者之间的信息不对称现象将明显弱化。一方面，大众可实时了解某一金融产品的认可度；另一方面，金融产品提供者也会及时掌握消费者的需求和意向。

（四）金融业务效率提高

大数据金融的许多流程和动作都是在线上发起和完成的，有些动作是自动实现的。在适宜的时间与地点，把合适的产品以最为恰当的方式提供给有相应需求的消费者。在大数据技术的支撑下，金融业务的推广将会更加高效，交易成本也将明显降低。

（五）金融企业服务边界扩大

一方面，对于单个金融企业，最适合扩大经营规模，由于效率提升，其经营成本必然随之下降。金融企业的成本曲线形态也会发生变化，长期平均成本曲线的底部会更快来临，也会更平坦、更宽。另一方面，依托对数据的全面挖掘和有效应用，金融从业者的工作效率将大大提高，服务质量也会得到提升。与此同时，单个金融企业对员工数量的需求也将有所降低，进而促使金融企业获得更大的赢利空间。

（六）产品是可控的、可接受的

依托大数据而向消费者提供的金融产品，更容易获得消费群体的认可，这就体现了金融产品的可控性。值得注意的是，产品可控是从消费者的角度而言的，在本质上表现为风险的可控；产品可接受是从消费者的立场来看，金融产品的成本、收益处于他们的心理预期范围内。同时，产品的流动性是可以接受的；基于金融市场的数据信息，消费者认为其产品也是可以接受的。

（七）普惠金融

基于大数据的应用，金融服务的对象与范围都将得到大幅拓展，金融服务将更受普通群众的认可，如极小金额的理财服务面向收入偏低的大众，使他们都能有机会享受金融服务。随着金融服务对象与范围的拓展，普惠金融将会成为现实。

三、大数据金融的三大理论基础

大数据金融的经济学基础主要有 3 个方面：信息经济学、金融中介理论和金融功能理论。

（一）信息经济学

信息经济学主要研究信息不对称对于经济活动的影响。斯蒂格利茨、阿克洛夫等指出，在市场经济活动中，市场参与者对信息的了解是有差异的；掌握信息充分的市场参与者，一般处于更加有利的地位，反之，则会处于不利的地位。在交易双方的关系中，产品提供者所掌握的信息更加全面，而消费者掌握的信息较为有限，在某些情况下甚至主要是通过产品提供者获取的，信息的不对称导致消费者处于劣势。如同旧车市场，卖方对于车况信息更为了解，但买方却很难知晓车况的真实信息；在买方愿意提供的价格水平下，只有车况差的车主愿意卖出车辆。这样的交易结果是买方受损，市场上成交的都是车况较差的车辆，即"差车驱逐良车"。

金融业是经营和化解风险的行业，金融业的风险主要来自客户信息的不完全和不对称。可见，金融业的发展和信息技术的革新息息相关。研究发现，金融市场中信息不对称的现象尤为常见，如股票发行方和认购方在对企业信息的掌握程度上存在差异。信息不对称造成了事前的逆向选择和事后的道德风险。以借贷为例，申请固定利率贷款的人大多是信用状况较差的一类人，而申请到贷款后这类人也有更大可能违约。大数据金融为解决金融市场的信息不对称问题提供了很好的路径，通过对大量的、跨领域、跨时期数据的分析，可以寻找其中的某些规律以做出更好的决策。例如，通过对银行全部借贷数据进行分析，找到违约率最高的人群的共同特征，如教育程度、父母婚姻状况、所在地区发达程度等，以针对性地减少对这类人放贷或者添加附加条款。

(二) 金融中介理论

金融中介理论认为,金融中介的主要作用是生产、传递和处理信息。以往我们主要依靠银行、券商、保险等传统金融中介机构收集信息。但在大数据时代,信息的来源渠道得到极大拓展,通过互联网工具,每一位互联网用户都能成为信息源,尤其是网上购物、网上支付、网上金融产品交易的行为,更是为金融活动提供了源源不断的数据流。掌握了用户大数据的企业具备了成为新的金融中介的基础条件。从信息传递和处理方面来看,大数据企业与传统金融中介形式存在显著差别。传统的金融中介沉淀了很多信息,但不仅没有有效传递到社会中,更没有有效地进行挖掘。例如,个人的借贷记录、信用情况,只存在于个体银行或者央行的征信系统中,这个征信系统并没有对社会上其他部门开放;在数据处理上,这些借贷情况都只是碎片状的,很少与其他数据库(如交通违法、消费记录)、与借贷者其他个人信息相关联,金融机构也缺少相应的意识和手段对自身掌握的数据进行深度挖掘。基于大数据的新中介有可能弥补这一缺陷,大数据是基于互联网而产生的,互联网本身就是自由和开放的,因而数据的获取、传输变得更加容易;这些新中介相对于传统金融中介的优势就在于数据分析和运用,在数据处理上显然会有更大的动力。我们可以看到诸如阿里巴巴、京东、百度等掌握大数据的企业,已经有了成为新金融中介的趋势,开始涉足金融领域,一旦获得金融牌照,它们将成为新的金融中介机构。这类新金融中介显然与传统中介不同,它们所掌握的数据量庞大、丰富,涉及每个人的工作、学习、消遣乃至情绪、思考。通过对大数据的有效分析,能够有效地评估个体和企业信用、预测市场波动、分散非系统风险、匹配借贷资金期限。阿里巴巴小企业信用评价系统"诚信通""余额宝"基金运作,就是基于大数据的杰作。

大数据的应用,将会促使人们对金融中介的既有认识发生转变。大数据基础上的互联网金融中介,可能取代传统以银行为主的金融中介而形成金融再脱媒的现象。毋庸置疑,大数据金融拓展了人们对金融中介的认识边界,赋予金融中介新的内涵。

(三) 金融功能理论

金融功能理论对应于金融机构理论而存在。金融机构理论认为,金融市场主体和金融组织是稳定的,并有相应的金融法律来对金融主体进行监管;现有金融机构和监管部门都要维护原有组织架构的稳定性。这就类似于"分业视角",将金融市场划定为银行、证券、保险等行业,依据行业对金融市场进行监管。金融机构理论的缺陷在于没有认识到当社会环境和技术条件发生快速变化时,金融机构组织也会发生相应的变化,跨行业的金融产品和模式接连出现,而监管却跟不上这种变化。据此,有学者在1993年提出了金融功能理论。金融功能理论认为:第一,金融功能比金融机构有更大的稳定性;第二,金融功能比金融机构更加重要,实质重于形式。

有研究指出,金融具备六大功能:①跨时期、跨区域配置资源;②提供支付、清算、结算;③有效的风险管理手段;④价格发现;⑤储备资源和所有权分割;⑥提供激励机制。大数据金融与此六大功能是完全耦合的。第一,大数据金融凭借对大数据信息流的分析和挖掘,完善了信用评价机制和资金监控机制,将资金运用到效率最高的地方,降低了信息不对称性,降低了交易成本。尤其在中国,通过大数据的信用评价机制,为信用良好的小微企业和个人提供金融服务,能够起到更好的资源配置作用。第二,大数据技术替代并改进了金融支付清算的功能,如支付宝等支付工具,能够更加便捷、快速地提供支付清算,实现即时支付、即时结算。第三,通过对大数据模型的分析,能够即时发现市场异常波动的存在,并立刻给出警报,这能够给风险管理提供更加精确和科学的方法。第四,大数据的存在,为价格发现提供了天然的土壤,因为有了大数据和计算机技术的支持,套利活动得以随时进行,套利活动消除了市场非理性的存在,进而成为资产价格发现的基础。第五,大数据金融和传统金融一样,通过股份化实现了资源储备和所有权的分割,通过期权等提供了激励机制,在互联网信息技术和大数据技术的双重支撑下彰显无可比拟的优势。

四、大数据金融模式的基本表现

总体上看,大数据金融主要有平台金融模式与供应链金融模式2种。其中,平台金融模式就是平台企业借助先进技术实施数据的挖掘与分析,并将其应用于金融交易中。平台模式的典型代表是阿里金融,腾讯及三大电信运营商今后也很可能涉足此领域。供应链金融模式就是供应链条中的关键企业凭借已掌握的产业优势,对上游、下游企业的金融数据加以掌控,与金融机构达成合作关系,或是提供资金支持,对上下游合作企业提供金融服务。供应链金融模式的典型代表是京东商城。

（一）平台金融模式

平台金融模式聚焦于平台上各商户交易活动中产生的数据，通过数据的挖掘、整理与分析，对各商户做出信用评价，为其提供授权服务。平台金融模式的关键点就在于，在全面掌握商户交易信息的基础上对商户有了客观认识。金融领域的各项活动都与信用相关联，都关乎风险管理；这种基于大数据的精确信用评估，能够有效解决风险控制问题，降低坏账率。依托稳定持续的大数据和先进的云计算技术，系统能够自动地进行信用评价和授信，借贷流程完全能实现流水化，这在提升效率的同时也降低了运营成本。

2013年5月18日，阿里小贷在2小时内，就为1.8万个淘宝小卖家提供了3亿元的信用贷款；在贷款过程中，没有任何信贷人员的介入，也没有要求任何担保或者抵押；从后期统计来看，不良贷款率只有0.9%。能够实现如此快速、高效、安全放贷，完全依赖于阿里巴巴平台拥有的商户大量历史数据，通过计算机对大数据的挖掘，阿里小贷实现了快、准、稳的金融服务。截至2013年9月，阿里小贷已经累计为40多万家小微企业提供了金融服务，提供的资金超过1000亿元。

（二）供应链金融模式

供应链金融于19世纪在荷兰出现，到20世纪末逐渐成熟。在一个完整的供应链条中，各个节点的资金状况良莠不齐，某个节点的资金匮乏可能导致"木桶效应"，使得整个供应链条效率降低。在这种情况下，供应链金融发挥了极大的功效。依托于某一个实力雄厚的核心企业，以自有资金或者联合金融机构对整个供应链条的参与者提供金融支持和服务，满足了产业链的协调发展；在这个过程中，核心企业依托自身数据能够对产业链中的企业进行较好的风险评估。

传统的供应链金融只针对某个特定的产业链条，其运作相对简单和"感性"；大数据视角下的供应链金融的涵盖面则非常广泛，而且依赖于精确的数据"理性"。京东是大数据供应链金融的典型代表，京东依赖自己掌握的各个类型、各个行业、各个地域的关联企业的海量交易数据，通过数据挖掘评价企业信用、资金运用状况，进而联合银行等金融机构为这些企业提供金融支持和服务。京东在供应链金融中发挥了对上游企业信息收集、信息挖掘、信用评估的作用，进而向银行提供担保。

京东的供应链金融是京东与银行、供应商的双向深度绑定。从供应商的角度而言，要获得京东的金融服务，必须与京东有长久的支付、物流业务，从而形成信息流；从银行角度而言，借助京东的大数据，能够实现对企业快速、精准的信用评价，从而提高资金流的效率。这是一种多赢的结果，通过物流、信息流、资金流的整合，每一方都能从中获得巨大的收益，达到1+1+1>3的效果。这也是为什么许多电商平台急于涉足金融，而金融机构要涉足电商的原因。

以上是我们依据大数据所处环节解析大数据金融模式；我们也可以依据行业进行划分，分别考察大数据在金融、证券、保险中的作用；也可以依据产品模式来探究大数据在P2P、第三方支付与货币市场基金、众筹等新金融模式中的作用。无论用哪一种方法，我们都能得出这样的结论：大数据已经改变了传统金融的基因。

五、大数据金融相对于传统金融的优势

传统金融对数据的重视程度不高，数据分析技术落后，大数据技术的应用相对缺乏。相比传统金融，大数据金融具有以下优势。

（一）放贷快捷，精准营销个性化服务

大数据凭借自身的数据优势，具备信用评价的能力，并据此开展借贷业务。大数据金融根据企业不同的生产流程和信用评分进行放贷，所受的外在影响因素较少，与企业的期限管理相契合，在应对企业的流动性难题上效果显著，而且大数据金融能更好地满足企业的个性化融资需求，具备便捷性和准确性。

（二）客户群体大，运营成本低

传统金融对人工有极大的依赖性，但大数据金融则对技术提出了更高要求，它建立在大数据云计算的基础上，有助于减少人工成本，运行效率也会大幅提升，不仅可以针对小微企业提供金融服务，还可以根据企业生产周期灵活调整贷款期限。大数据金融整合了碎片化的需求和供给，将服务领域拓展至更多的中小企业和中小客户，更大限度地降低了大数据金融的运营成本和交易成本。

（三）科学决策，有效风控

在大数据金融模式下，大量的数据信息汇集在一起。对于借贷业务而言，贷款方能及时把握风险点，并做好风险防范工作。大数据金融可以根据这些交易借贷行为的违约率等相关指标估计信用评分，运用分布式计算做出风险评估模型，

解决信用分配、风险评估、授权实施及欺诈识别等问题。在大数据的支撑下，金融决策的科学性大大提高，不良贷款率也将大幅降低。

与传统金融相较而言，大数据金融日益显现强大的优越性。技术进步与金融革新，共同助推大数据金融的发展，为中小企业的发展创造了更好的金融环境，对于推动我国经济结构调整具有积极作用。总之，大数据金融既是企业发展的需要，也是国家战略规划的内在部分。

第三节　大数据引发金融业变革

在互联网应用环境下，以网络信息平台为主要竞争领域的金融机构，正逐步迈入"数据为王"的大数据时代。在这一时代，企业竞争力的强弱将不再仅仅取决于服务产品的优劣，还取决于对大数据的攫取、分析和处理能力。可以说，谁占有了数据，谁就能在市场竞争中获胜。基于大数据的应用，各行各业都进入了新的发展机遇期，也必然要面临新的挑战。与其他行业相比，金融业在大数据应用方面其实拥有先天的优势：一方面，作为现代国民经济发展中轴和动力的金融行业，拥有大量高价值密度的数据资料，如客户身份、资产负债情况、资金收付交易等信息，对这些数据进行挖掘、分析、处理，会产生巨大的商业价值；另一方面，作为现代经济运行中"管钱"的行业，金融业的发展前景也比较好，能够吸引大量的深谙大数据技术应用的高端人才。经过多年的积累发展，再加上"互联网+"时代下技术和平台的推动，我国的金融行业可以说已经初步迈入了大数据时代。在我国，金融机构的数据规模已经达到 100TB 以上级别，特别是非结构化数据迅猛增长，而且其价值的挖掘越来越受关注。

一、大数据应用背景下金融业的发展机遇

互联网技术和大数据技术必然会给不断向互联网转型的金融业带来新的发展机遇。

（一）大数据推动金融机构的战略转型

随着社会经济的发展，"金融非中心化"的特色日益凸显，商业银行等金融机构作为主要金融中介的地位正在下降。主要表现为核心负债流失、盈利空间不断

收缩，以往的业务定位已经无法满足"互联网+"时代的市场需要。

不管是新的客户需求，还是企业的竞争需要，都要求金融机构进行业务上的调整和创新。大数据技术的成熟，让金融机构的深化转型和创新成为可能。金融机构可以利用其天然的高价值密度数据信息，挖掘客户潜在的消费需求，从而准确定位市场需求和资源配置，推动业务的转型创新。

(二) 大数据技术能够降低金融机构的管理和运行成本

利用大数据技术，金融机构可以增强自身的洞察力和决策力，找到内部的管理运营缺陷，并优化机构运作流程，从而降低管理和运行成本。同时，充分掌握有价值的数据，并做出科学的数据分析，对于把握客户行为意向具有重大的指导作用，有助于提高营销活动的针对性，节约时间，降低运行成本。

(三) 大数据技术有助于降低信息不对称性，增强风险控制能力

以往金融机构对客户信息的获取，主要来源于客户本身提供的财务报表等。这种信息流通的不对称性，使金融机构在对客户进行信用评定时承担了很多不确定的风险。在大数据技术的强有力支撑下，金融机构能更全面地掌握客户信息，并对客户的交易数据做出分析，降低交易风险，提高自身的风控水平。

二、大数据应用背景下金融业面临的挑战

当然，任何变革和转型都不会是一帆风顺的，机遇往往与挑战并存。在金融领域内，要真正掌握大数据优势，就必然要推进金融机构的转型发展，科学分析发展中存在的问题，并采取各种手段积极应对挑战，变不利为有利，改善金融机构的发展环境。

(一) 大数据技术应用可能导致金融业竞争版图的重构

国家政策的转变、市场的开放化，以及互联网技术和平台的发展普及，一方面降低了金融行业的准入标准，使越来越多的市场主体参与进来；另一方面，更多的非金融机构，特别是大型互联网企业，开始越来越多地介入到金融领域中来。这些大型互联网企业（如阿里、腾讯等）往往能够利用自身的技术和平台优势，在金融服务市场中站稳脚跟，甚至抢占原有金融机构的"蛋糕"。

因此，大数据技术的应用，既为金融机构的腾飞带来了契机，也对原有的竞争市场造成了冲击。如果传统的金融机构不能突破固有的组织架构、业务流程和管理模式，不能利用自身的大数据优势进行相应的变革和转型，那么，其就很可

能会被新的市场竞争淘汰。

（二）大数据的基础设施和安全管理亟待加强

大数据时代，金融机构的数据分析已经不再仅仅局限于财务报表等结构性数据，而是更多地涉及影像、图片、音频等非结构化数据。这一变化对金融机构在软硬件基础设施升级和安全管理等方面，提出了更高的要求。

如今，金融大数据安全问题已经成为金融业大数据转型不容忽视的议题。近年来，国内金融机构也一直致力于对金融数据的保护。但是，业务链的延伸、云计算的普及、系统复杂度的提高等因素，都进一步增加了大数据的风险隐患。金融企业在借助大数据的便利之时，也不得不承担由此带来的风险。

（三）大数据的技术选择存在决策风险

从当前国内整体发展来看，我国大数据技术和平台的建构还处于摸索阶段。不论是技术层面，还是法规制度建设方面，都有待发展完善。例如，金融业传统的事务型数据库主要用来对结构化数据进行分析，缺乏对非结构化数据的处理能力。然而，大数据时代的数据信息越来越偏重于图片、影像等非结构化数据，因此需要建构出一个成熟的分析型数据库，这样才能够充分利用大数据技术的优势。

对金融机构来说，需要准确把握和定位大数据发展的整体趋势，选择最合适的时机进行大数据技术的升级转型，既不超前也不保守滞后。只有这样，才能最大限度地避免因决策不当对企业发展造成负面影响。

三、"大数据+大金融"的应用向深入推进

虽然金融业的大数据技术应用只是初现端倪，但其发展前景和影响却不容忽视。在战略发展规划层面，金融机构的高层管理者需要准确把握当前大数据技术的整体发展态势，在综合考虑资本、网点、人员、客户等传统要素的前提下，及时搭乘大数据时代的顺风车，加强对互联网、移动通信、电子信息平台等相关方面的研发，以便更好地挖掘、分析、利用自身的大数据优势。

同时，金融企业也要在自身的发展和服务中推动思维、流程、方式方法等方面的转变，一方面，以大数据的理念和思维推动决策从"经验依赖"型向"数据依靠"型转化；另一方面，通过对大数据技术及互联网、信息平台等方面的投入，实现以渠道整合、信息网络化、数据挖掘等为基础的金融服务产品的开发、创新。"大数据+大金融"的应用，有以下几大要素。

（一）推进金融服务与社交网络的融合

"互联网+"时代，关注的就是效益。金融机构要想利用大数据技术实现自我变革，首先需要转变传统的发展思维，充分利用互联网、社交新媒体等平台吸引消费者的关注，并积极与客户交流沟通，以此获取和挖掘更多的市场需求和客户数据。简单来说，就是金融服务要社交化，融入社交网络，以便满足更加多元化和个性化的服务需要。要做到这一点，可以从以下几个方面入手。

①通过新的社交网络平台，与客户积极深入地交流沟通，并提高企业的知名度和美誉度，打造出具有核心品牌优势的服务产品。

②网络平台的发展，使人们的互动超越了时空限制，可以随时随地进行线上交流沟通。金融企业要充分利用微信、微博、论坛等网络新媒介，拓展客服渠道，让客户体验到更加多元化的服务。

③大数据技术的一个重要特点是，可以实现对数据背后信息的深度挖掘和分析。金融企业不仅要关注自身内部数据，还要充分重视互联网络的社交数据，挖掘出更加完整的市场需求信息，以便精确定位和维护客户关系。

④利用大数据技术挖掘、分析社交网络和移动数据等背后的消费信息，有针对性地进行产品创新和高效营销。

⑤随时关注社交新媒体的舆论动态，采取多种措施避免风险事件的发生，积极维护自身的良好口碑。

（二）处理好与数据服务商的竞争合作关系

在"数据为王"的"互联网+"时代，谁拥有数据，谁就占有市场和利润。但我们清楚地知道，金融机构位于支付链条的末端，在数据信息的获取上并不具备优势。面对这一问题，金融企业可采取以下 2 种方式拉近与电商平台的距离，以获得所需的数据信息资源。

①自办电商，搭建数据平台，将数据掌握在自己手中。不过，金融机构不是专业电商企业，自建数据平台时往往会面临各种问题，操作起来比较困难。

②与数据服务商进行战略合作，共享数据信息，实现双赢。金融企业往往有着高价值密度的数据资源，这是任何机构都渴望获得的。电商、社交网络等平台也有着金融机构无法比拟的海量数据信息，这些数据也是金融企业希望能够拥有的资源。这种双向需求为他们的分工合作提供了基础和前提。

（三）增强大数据的核心处理能力

海量数据的占有只是大数据应用的前提，更重要的是要拥有对数据挖掘、分析、整合、处理的技术和能力。

1. 强化大数据的整合能力

大数据不仅包括金融企业自身的数据信息,也涵盖了金融活动链条上的其他外部数据。问题是,当前不同行业和渠道的数据还没有一个统一、规范的标准和格式,这就大大增加了对大数据的利用难度。因此,金融机构要不断创新研发出具有强大整合能力的技术,以便能够对不同来源的数据信息进行提取、转化,最终整合出自身发展所需要的完整的客户视图。

2. 数据挖掘与分析能力

将以往的"事务型数据库"重构为"分析型数据库",以应对大数据时代大量非结构化数据的涌现,增强自身的数据挖掘和分析能力。

3. 大数据分析结论的解读和应用能力

利用金融业的行业优势,吸引更多的精英人才,打造出一个兼具金融服务业务能力和大数据挖掘解读能力的复合型团队,以便更精确地实现对大数据信息的解读和应用。

(四) 加大金融创新力度,设立大数据实验室

对大数据技术的应用不仅涉及数据的收集、分析、处理,还涉及金融机构的业务流程、产品创新、管理模式甚至思维方式等的一系列变革。因此,金融企业需要设立一个专门的大数据实验室,对业务方案和流程、产品创新和营销、管理体制和收益风险等内容提前进行试验,以便优化不足之处,实现以大数据为支撑的创新、转型。

具体来说,要在方法上突破以往的 FICO 财务信用评价模式,更多地依靠云计算等针对海量数据的分析工具,研发出具有自我更新能力的多维度分析模型,以应对互联网数据的非结构化趋势。例如,可以对大量数据进行分布式处理的软件框架 Hadoop 及 Hive(基于 Hadoop 的数据仓库工具)就是目前市场上具有较强数据整合分析能力的新技术,能够有效开发出大数据的市场价值。

(五) 加强风险管控,确保大数据安全

大数据的应用,除了技术方面的难题之外,还有安全方面的挑战,即如何在日益开放的"互联网+"时代确保大数据的安全性。如果金融机构不能有效处理数据安全问题,那么,大数据就不是"大机遇",而是"大风险"。

"互联网+"时代,数据安全问题出现了更多的不确定和不可控性,这要求金

融企业必须加强与相关机构的合作，创新数据安全管理系统，尽可能预判风险。同时，建立风险补救机制，以便在数据风险发生时及时采取行动，降低风险的破坏程度。

第一，"互联网+"时代，大数据安全性问题是所有行业都要面对的难题。因此，金融机构应该积极与大数据链条中的其他机构合作，加强自我监督，进行技术共享，以便共同改善数据安全管理机制，推动数据安全标准。

第二，金融企业应主动与相关的监管机构合作，积极研发新的数据安全技术，提升自身的大数据安全水准。

第三，加强与客户在数据安全方面的交流沟通，培养客户的数据安全意识也是必要的。

总之，大数据的安全管理不是单靠一方之力就能解决的，而是需要相关各方（企业、监管机构、客户）的协同努力，才能形成大数据风险管理的合力效应。

四、大数据应用背景下金融业变革的具体体现

（一）电子商务平台和电子银行的发展

2012年开始，多家商业银行开设了自己的电子商务平台，其中以建设银行、中国银行、交通银行的规模最大。这些购物网站与其他电商并没有太大的差别，包括吃穿住行等方面的商品。而且商业银行逐渐向电子商务领域渗透，与其说这种做法有助于增加营业收入，倒不如说电子商务的开展促进了客户数据的极大拓展，促使客户数据立体化，以了解客户消费习惯、消费能力、兴趣数据、风险偏好等进行客户画像的构建，预测客户行为，进行差异化服务。

银行大力投资改革网上银行业务。相比阿里巴巴、腾讯等跨界者，银行在资金、风险管理能力、人才储备等方面具备优势。国内多家银行大力投资网上平台、推出网上服务，进行多元化创新，为发展自有互联网金融业务奠定基础。目前，商业银行的网上服务包括传统银行业务、电子商务、移动支付及P2P等新兴业务。

（二）保险业的变革

大数据与保险业具有天然的关联性。近年来，兴起的互联网保险也成为保险业收集数据的新平台。据统计，国内大型保险公司每年新增的数据量达到PB级。大数据逐渐成为各大保险公司的战略资源。在全球保险大数据应用市场中，大数据在保险业的应用主要体现在精细化营销、欺诈行为分析、精细化运营、承保定

价几大方面。

1. 精细化营销

一是客户细分和差异化服务。客户对于风险的偏好往往决定了保险产品交易的成败，我们知道，客户对风险的态度通常有3种：爱好、中立、厌恶。风险厌恶者通常是保险的潜在客户。进行客户细分的时候，除了风险偏好之外，还要掌握客户的性格、家庭、职业、社交圈等数据，从而对他们进行分类并相应地为他们提供差异化服务。

二是潜在客户挖掘及流失客户预测。保险企业在对客户线上及线下行为的数据进行收集与分析之后，找出具有潜在购买意向的人群，再结合各种营销渠道去开展这一人群的保险业务。预测流失客户时应对客户的消费情况、客户的个人信息、购买的保险类型等要素进行收集，找出客户退保及投保的影响因素，从而实现对客户的退保率评估，并及时对这些有高退保率风险的客户进行策略调整，从而保持继续率（续保率）的稳步增长。

三是客户关联销售。保险公司可以根据客户的特点及其购买的险种进行分析，进而向其推荐一些相关险种，同时，对客户的后续投保做出预测并建立数据库，从而增加保单的销量。此外，保险公司还可以利用大数据技术直接对接客户需求。

淘宝的退货运费险就是应用关联销售的典型。多盈金融中心统计的数据显示：淘宝的客户退货运费险索赔率超过50%，运营此产品只能给保险公司带来5%左右的利润，从保险公司的角度来看这并不是一个成功的产品，但是却有很多保险公司争相与淘宝合作，坚持做这项保险业务。背后隐藏的秘密就在于消费者购买退货运费险之后保险公司可以获得客户的基本信息，从而可以向客户推送其保险业务。例如，购买汽车配件的客户，保险公司可以向其推送车险；购买儿童玩具的客户，保险公司可以向其推送儿童分红险、教育保险等，这些关联险种的推送能给保险公司带来巨大的收益。

四是客户精准营销。在网络推广营销渠道，保险公司可以通过对客户在网络生活中的信息收集，掌握客户的兴趣爱好、生活习惯、职业、家庭、所在地区、社交圈等数据，在保险业务的推送中根据客户的这些数据信息做到精准营销。

2. 欺诈行为分析

欺诈行为分析即通过对企业的内部流通数据及相关的外部数据进行分析，有效避免医疗保险欺诈、车险欺诈等各种行为。

一是医疗保险欺诈与滥用分析。医疗保险欺诈是指不法分子非法骗保，形成保险欺诈。医疗保险滥用是指一些人在保险的赔偿额度范围内重复就医、虚报保险金额等。保险公司可以收集医疗保险欺诈与滥用欺诈案件的典型特征，建立数学模型，应用智能化处理，将一些疑似欺诈骗保与滥用的行为进行处理。

二是车险欺诈分析。保险企业对以往的欺诈事件特点进行分析总结，对理赔的申请进行细化分级，对一些车险理赔申请、保险业务员与汽车修理厂联合进行的欺诈行为进行有效管制，可以有效减少车险的欺诈行为。

3. 精细化运营

一是保险产品个性化。传统模式下的保险公司通常对大量客户进行同一种险种的营销，往往忽略了这些客户的差异化需求。如今应用大数据分析，保险公司可以掌握客户的基本信息及其在社会生活中的数据信息，从而可以为客户提供个性化的保险产品，为客户定制合适的投保方案等。

二是运营分析。对保险公司的运营、管理及与客户的沟通信息进行分析，依靠大数据分析技术统计企业的销售情况、业务人员成交量、企业的运营管理等，帮助企业调整战略布局，规避一些潜在风险，实现合理化运营。

三是保险业务人员的筛选。对保险业务人员的业绩、性格、年龄、家庭构成、工作经历、兴趣爱好等数据进行分析，找出优秀业务人员的共性，并挑选潜力大的员工进行重点培养。

4. 承保定价

在大数法则下，保险产品的定价主要是基于样本数据的分析。大数据时代，保险定价是基于社会和全体数据，不仅包括保险公司存储的客户数据，还包括整个互联网上的数据，如来自社交网络上的文字、图片或者视频信息。这将颠覆传统保险精算的理论和技术，推动保险商业模式的革命性和突破性创新。车险将采用差别定价模式，生命表也将发生更新换代式的变革，所有的投保人将获得一个公平的保险价格。

(三) 证券业的客户关系管理

大数据应用及分析在其他领域的巨大作用，使证券企业开始重视大数据。如今大数据在证券行业的应用尚处于起步阶段。由于其发展时间相对银行及保险业较晚，许多方向及领域还没涉及。当前，大数据技术驱动下证券业的客户关系管理具体表现在以下几个方面。

一是客户细分。通过对客户账户的历史信息、价值、交易习惯、风险偏好、投资收益等进行分析,建立完整的包含客户账户资本、市场关注情况、偏好证券类型、投资收益规模等的客户个人档案,并对相似类型的客户进行细分,形成不同的客户群体,然后对这些群体的交易模式进行总结,找出潜在的最具价值的客户群,并为他们提供相应的服务,及时调整资源配置,改善战略方向,为企业带来更高价值。

二是流失客户预测。证券企业可以用客户的交易记录和流失客户的特点来进行流失客户预测。2012年海通证券首创的"行为特征分析技术"(全称为"给予数据挖掘算法的证券客户行为特征分析技术")面世。海通证券对上百万份客户半年的交易数据进行分析,构造了客户分类、偏好、流失概率的数学模型。该技术成功地将客户行为数据量化,预测出客户的流失概率,有效地为客户的维护及赢回业务开展提供了技术支撑。

(四)征信行业的变革

1. 征信数据

大数据时代的到来使得征信数据来源更为广泛,征信数据类型更为多样。在数据来源上,传统的征信数据主要来源于个人或者机构的借贷、赊购、担保、租赁、保险、信用卡等活动,这些活动中产生的行政处罚信息、缴纳各类社保和公共事业费用信息等都是征信数据。在大数据时代,征信数据更多地来源于线上,互联网公司(如淘宝、京东等)通过客户网上的交易记录、评价等信息,科学评估客户的信用状况。征信数据类型的多样性的体现,既有数字、字符之类的结构化数据,也有图片、音(视)频等非结构化数据,这导致数据量显著增大,同时也便于金融机构更准确地把握客户的信用状况。例如,交通银行信用卡中心通过智能语音分析技术,提炼出隐藏在音频数据中的客户信息进行分析应用,每天的数据处理量达到20GB。

2. 征信服务

在大数据时代,征信机构的服务更加及时、高效、全面。例如,在营销服务方面,征信机构运用大数据技术对客户相关数据信息进行收集,勾勒客户画像,从多个方面对客户群体进行细分,从而提供差异化服务,使得营销服务更具有针对性和有效性。

3. 数据采集

基于征信机构性质的不同,以往所采用的数据采集手段也存在不同。一种是公共征信机构，一般是由中央银行经营管理，金融机构（如商业银行、信用卡公司等）被强制要求定期向中央银行报送借款人的相关数据和信息。另一种是私人征信机构，独立于政府和大型金融机构之外，通常通过协议或者合同的方式规范数据采集，其数据的主要来源有提供信息服务的金融机构信贷信息、政府平台公布的公共记录等。而在大数据时代，通常是采用人们生活中含有内建芯片、传感器、RFID（无线射频芯片）等具有电子神经的感知设备产品收集数据信息。这些设备与计算机连接以后，可以随时随地对人们生活产生的各种数据进行收集，所收集的数据内容更加丰富，数据类型更加多样。

第一章 新时代金融业的新发展

第一节 数字货币

作为当前备受关注的金融科技重要组成部分,数字货币逐渐应用到人类社会生活的各个领域,其产生引发了金融业的变革。数字货币的出现有其必然性,是伴随着新兴技术而进入大众视野的货币形式。

一、比特币备受关注的原因

伴随着信息技术的发展,人们的生活逐渐网络化、数字化,人类社会产生了新的变化。互联网在改变人们工作、生活的同时,其"平等、开放、共享、协作"的精神也被越来越多的人所接受。人们对数字货币的探索,在这样的背景下应运而生。其实相关的探索早在20世纪八九十年代就开始了,但一直仅限于少数团体的研究层面,直到2008年全球金融危机爆发后,数字货币才变得家喻户晓。

2008年9月,金融危机从美国向世界各地扩散。对此,各国政府对大型金融机构予以扶持,以帮助其度过危机。其做法并未得到认同,甚至引发了"占领华尔街"运动。人们认为,政府的这种做法实质上是对民众财富的无形侵害。在这一形势下,大家迫切需要一种新的替代货币来摆脱政府对公众财富的隐性剥夺,于是,带有去中心化、节点透明、数量有限、人人可参与挖掘发行等优势的比特币迅速被大家所接受。

2017年2月24日,Coin desk比特币价格指数(BPI)显示,比特币价格已经突破1200美元,创下新记录。而且,比特币价格在较长时间内持续保持在1000

美元以上，持续时间之长也刷新了记录。

从影响比特币发展的宏观因素来看，当前比特币的发展环境已经产生了显著变化，这种变化甚至是根本性的。一方面，随着新兴技术的深入应用，比特币发展空间广阔，互联网金融迅速发展，金融的科技化特色愈加鲜明，传统金融的变革势在必行，这正是新世纪金融业态的发展方向。另一方面，在新技术的支撑下，数字货币得到发展，很多企业纷纷聚焦于数字货币，踊跃加入数字货币开发的队伍中。在当前金融发展环境下，数字货币逐渐成为一种新的交易媒介。数字货币成为未来发展趋势，替代传统主权货币可能只是时间问题。

值得注意的是，数字货币的应用与发展离不开区块链技术，比特币作为一种重要的数字货币，正是建立在区块链技术的基础上的。从某种程度上可以说，比特币是数字货币形成与发展的基础与根源，这就赋予比特币不可估量的生命活力。

在技术创新发展上如此，而在现实中，2008年次贷危机的爆发导致全球经济衰退，随后美联储开动印钞机大搞量化宽松货币政策，加上欧债危机愈演愈烈，这是比特币在全球范围内受追捧的另一个原因。

当前，比特币在世界各地都受到高度关注，可谓是金融业的焦点之一。美国商品期货交易委员会（CFTC）将比特币列入大宗商品，美国一些比特币交易平台已成功获得经营许可，这恰恰体现了比特币的商品与金融结算的合法性，为比特币交易平台的发展创造了有利环境。日本提出颁布比特币的运营规范。2016年，卢森堡的比特币交易平台也成功申请到官方许可证。这无不表明，比特币未来的发展空间将更加广阔，比特币交易将更受认可。

通过分析比特币宏观环境发现，数字货币拥有良好的发展前景，它在货币结算中发挥的作用将愈加凸显，这一形势是任何力量都无法阻碍的。

二、比特币的发展喜忧参半

现阶段，比特币仅仅是作为一种虚拟货币而存在，此即数字货币。在人类社会发展中，比特币要获得不可比拟的生命力，并彰显其在金融领域的价值，就必须发展成为应用广泛的结算手段与交易媒介。在我国当前发展环境下，比特币只是活跃于投资活动中，甚至被当作投机工具，这在很大程度上限制了比特币的发展。可见，若比特币无法挣脱投资的牢笼，将难以获得大发展，其应用领域也将得不到拓展，生命活力将受到遏制。

实际上，比特币被赋予投机投资的金融属性，在很大程度上是因为它总是给人以神秘感，而且设计者通常向外界宣告，比特币的总量极为有限，使比特币充满诱惑力，从而吸引了一大批投机者。另外，比特币以区块链为依托，具有去中心化的特性，往往被看作是金融业的新生力量，人们甚至将其视为未来金融业的关键力量，能使金融业发生根本性改变。然而，比特币能产生多大的威力，究竟处于怎样的地位，仍然值得深入研究。

在欧美日等发达经济体内，已经出现了比特币用于支付的情形。加拿大最先将比特币用作交易工具。2013年10月31日，首台比特币ATM机出现在大众的视野中。在温哥华的一家咖啡馆里，利用比特币ATM机可将加拿大元兑换成比特币，也可将比特币兑换成加拿大元，这种兑换具有双向性。这台ATM机在投入使用后，迅速吸引了数十人使用，他们对于其如何工作充满好奇感。用户使用这台ATM机进行交易时首先需要扫描其手掌信息，而且兑换额度不可高于3000美元。

比特币应用于结算交易中，是其获得长足发展的需要。2017年以来，比特币的应用有了突破性进展。同年3月，托克商贸公司和法国外贸银行力图以更小的成本简化贸易流程，高度关注区块链在美国石油贸易领域的应用，这就展现了数字货币的独特价值。此后，它们积极模拟区块链运行，以省去费时费力的文书工作，达到节省成本、简化交易流程的目的。

尽管比特币已经在一些国家获得官方认可，作为一种结算手段活跃于金融市场中，具备了货币属性，但它在全球范围内的发展仍然面临诸多考验。从目前来看，影响比特币市场空间拓展的一大关键因素在于其价格缺乏稳定性，波动幅度大，参与比特币交易的人群往往怀有投机心理。具体而言，比特币存在明显的投资风险、洗钱风险、信用风险及平台安全风险等突出问题。虚拟货币交易市场24小时连续开放，并没有涨跌幅限制，其价格极易为投机者所控制，致使价格波动幅度大。而且一些不法分子通过"现实货币—虚拟货币—现实货币"的转换方式，促使非法资金合法化。应注意的是，以比特币为代表的数字货币的交易总是要借助一定的平台来完成，任何一个交易平台都可能遭到黑客攻击，或是毫无预兆地被关闭。交易平台的平均生存时间甚至难以持续1年，一旦平台关闭，交易者将很难保障自身权益。此外，虚拟货币没有国家信用担保，却具备支付功能与信用功能，虚拟货币由网络公司发行，存在不可控的风险，网络公司的经营状况直接影响虚拟货币的信用。2018年，比特币价格出现明显下跌的现象，恰恰体现了比特币交易市场的不稳定性,正是这种不稳定性催生了比特币交易人群的投机心理与行为。总体上看,比特币难以作为一种结算手段在世界范围内得到全面推广。

三、数字货币使交易的可追溯性更凸显

随着数字货币的产生与应用,有学者对其优势做出分析,根据《数字货币的利与弊》的阐释,数字货币的优势主要体现在以下几个方面:第一,如果数字货币得到推广,纸币的使用将会减少,因而能降低纸币管理成本;第二,在数字货币的交易过程中,必然会留下交易痕迹,便于交易信息的收集与整合,促进金融市场信息的流通;第三,数字货币的使用,能使跨境支付更加便捷,提高经济数据统计效率;第四,数字货币的广泛应用,能保证交易信息完整而透明,便于对交易行为实施监测。

当前,相关学者主要是从货币管理、交易监测、金融效率等方面去把握数字货币的优势。实际上,与传统货币相较而言,基于数字货币的使用,交易信息具有透明性和不可篡改的特性,这让每个交易行为都能得到监测,每一笔钱的来源和去向都可追溯,对于金融监管效率的提高意义重大。

从根本上来看,数字货币的流通与应用,将显著提高交易效率,使交易更加透明、可监测。在未来社会中,数字货币将逐渐向教育、医疗、政务管理等各个领域渗透。在腐败行为的治理上,将会有据可循;在资金安全上,将更有保障,小偷的生存空间将变得越来越小,有助于保障群众资金的安全性。

在此,主要从数字货币的本质及其对金融市场的影响等层面来把握数字货币的发展空间,以更深入地认识数字货币。

基于数字货币的应用,网络数据包随之产生,它由两大部分构成:一是数据码,即需要传送的内容;二是标识码,显示了数据包的来源和去向。在数字货币自由流通的环境下,货币交易的全过程都会变得有迹可循,既便于追查交易发起人和受益者的身份,也便于掌握交易历史信息。数字货币交易所涉及的个体、企业、数额、商品等信息,为人们了解货币的用途及其来源和去向提供了数据支撑,这恰恰体现了数字货币的独特优势。

众所周知,纸币在市场流通中是无迹可寻的,单看手中的某张纸币,我们无法获知它曾经过的交易环节。然而,数字货币却有其不同之处,它在发行及其交

易的各环节都应具备透明性,能做到有据可查。特别是在大数据技术的支撑下,央行对个人与企业的征信方式将会发生改变,征信效率大大提高。在借贷业务中,征信管理是交易顺利进行的保证,对于贷款提供方而言,必须了解借贷者还款能力的高低,并据此确定贷款额度。而且在数字货币的使用环境下,我们的资金源自何处,是通过正规渠道获取的,还是非法渠道得到的,都能清晰辨别。

数字货币的交易痕迹和可追溯性,既能对洗钱、受贿、资金挪用等行为起到有效的监测作用,同时也能提高金融交易的效率。对于相关监管部门而言,可在了解数字货币交易情况的基础上,有针对性地制定货币政策,维护经济秩序,科学实施货币监管,保证社会主义市场经济平稳、有序地运行。

第二节　P2P 网络借贷

一、P2P 网络借贷的基本模式

按照不同的标准,可以将 P2P 分成不同的种类:首先,根据投资者的不同,可以将 P2P 分为拥有国企背景的 P2P 和具有民营背景的 P2P 2 类;其次,根据借款对象的不同,可以将 P2P 分为以企业借款人为主的 P2P 和以个人借款人为主的 P2P 2 类,有的 P2P 甚至专门针对某一类特定个人,如大学生;最后,根据运营方式的不同,可以将 P2P 分为线上模式 P2P、线下模式 P2P 和混合模式 P2P 3 种。

P2P 平台模式中最基本和最规范的模式是线上模式。出借人与借款人通过网上注册,在线缔约、在线划转资金。借款人的借款利率在最高利率限制下,由用户自己设定。从国内实际情况出发,纯线上的网贷平台通过大数据和模型可以节约交易成本,但由于信用模型的不完善、风控的不到位,出借人在享受高收益的同时也承担着较大的风险,一旦出现借款人逾期还款,往往由出借人自身去追款或者承担损失,也正是因为这个原因,此类平台主要集中于个人信贷领域,鼓励投资人进行多笔、小额的交易。

线下模式是指主要借贷活动通过线下完成的 P2P 模式。随着不断对 P2P 网贷行业监管的加强,监管者认为线下模式更容易导致宣传过度和误导投资人。目前,

P2P 已经开始从线下逐步迁移到线上。

混合模式指的是线上线下相结合的模式，也可以称为 O2O 模式（Online to Offline）。"线上引流量，线下找资产"是该模式的特点。利用线上模式通过互联网的广域性导入投资人流量，建立一定的品牌知名度；利用线下模式完成借款人的开发、信用的审核，许多 P2P 也通过在线下设立门店成立营销团队。园区型 O2O 模式能为投资者提供高回报、更安全的投资项目，也为中小微企业提供高效率、低成本的融资服务。P2P 的分类要基于法律关系进行分类，因为法律关系反映该业务模式的本质法律特征。从基本法律关系上看，以拍拍贷为代表的纯粹居间模式，以宜信为代表的债权转让模式，都是典型的 P2P 模式。

二、P2P 网络借贷的交易流程

尽管不同的 P2P 网贷平台贷款流程有所不同，但各大平台一般的网络贷款流程基本相似，如图 1-2-1 所示。

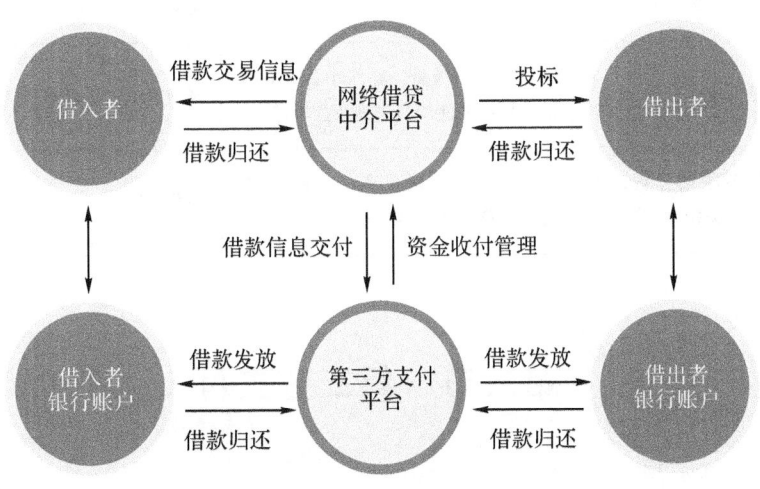

图 1-2-1　P2P 网络借贷典型运作模式

第一步，实名认证：登录网站注册用户—实名认证—填写联系人详细资料—上传资料证明身份（可能包括头像照片、住址证明、身份证正反面、工作证明、收入证明、财产证明、信用报告等）。

第二步，等待审核：融资者提交个人资料和贷款申请等待网站审核。审核一般会分为初审和终审,只有通过终审才能正式发布借款信息。

第三步,寻求融资:审核通过借款信息发布,若审批额度被降低,则需确认,不确认将被认为自动放弃。

第四步,等待投标:标满后3个工作日内放款。

第五步,按时还款,提高信贷等级:在贷款次数增多、还款状况良好的同时,个人等级将得到提高。

中国P2P贷款运作流程中的各方行为具体表现如表1-2-1所示。

表1-2-1 中国P2P贷款运作流程中的各方行为

步骤	投资者	P2P平台	筹资者
第一步	用户注册	集成优质小贷公司的融资需求,在电商平台上开发优质融资需求	发布贷款需求,提交信用审核材料
第二步	甄选符合自己需求的投资意向并投资	审核信用,发布需求	等待资金对接,根据情况调整需求
第三步	签订电子合同	筹资满额后放贷,寻求小贷公司担保,持续关注项目进展监控风险	收到贷款,考虑是否二次担保
第四步	到期收回投资,支付相关费用	项目成功,收取费用;项目违约,追讨债务,按约定赔付	到期偿还

第三节 第三方支付

一、第三方支付机构发展现状

以支付宝为代表的我国第三方支付机构已经有10多年的发展历史了,国家也颁发了260多张支付许可证。每家机构的产生背景、经营侧重点、业务范围都有所不同,也造就了我国现有的"一大二小多发展"的第三方支付市场竞争格局。

(一)主要第三方支付机构

随着电子商务的发展,网络支付交易笔数和金额也越来越大。以第三方担保交易为代表的支付模式,迅速在网络购物人群中得到普及。人们在享受网络购物带来快乐的同时,无意中也促进了第三方支付机构的发展。这些第三方支付机构是最具有创新精神的新兴企业,有的拥有电商平台背景,有的拥有国家投资背景,有的拥有社交平台背景,有的是纯粹的独立第三方支付机构,同时国外的一些知名第三方支付机构也开始进入我国,如表1-3-1所示。

表1-3-1 中国市场中的主要第三方支付机构

机构名称	成立时间	企业性质	平台/背景	支付许可范围	定位与特点
支付宝	2004年	民营	阿里巴巴电子商务交易平台	互联网支付、移动电话支付、预付卡发行受理、银行卡收单	提供支付及理财服务,包括网购担保交易、网络支付、转账、信用卡还款、手机充值、水电煤缴费、个人理财等
微信支付	2014年	民营	微信	同财付通	突出引入移动支付安全概念
汇付天下	2006年	民营	无	互联网支付、银行卡收单、移动电话支付、固定电话支付	专注于做金融级电子支付专家,在基金销售方面具有优势
快钱	2005年	民营	万达集团	互联网支付、移动电话支付、固定电话支付、银行卡收单、预付卡受理	为消费者和企业提供综合化互联网金融服务,在保险行业具有优势
银联在线	1999年	国有	银联	银行卡收单、互联网支付、预付卡受理	为广大持卡人提供全方位的互联网金融支付服务
易宝支付	2003年	民营	无	互联网支付、移动电话支付、银行卡收单	在教育、电信等行业具有专业化优势,电话支付业务优先
翼支付	2011年	国有	中国电信	互联网支付、移动电话支付、固定电话支付、预付卡发行与受理(仅限线上实名账户充值)、银行卡收单	为个人、商户提供综合性的互联网金融服务,同时为政企类客户提供专业性的行业解决方案

续表

机构名称	成立时间	企业性质	平台/背景	支付许可范围	定位与特点
百度钱包	2008年	民营	百度	互联网支付	提供超级转账、付款、缴费、充值等支付服务，并全面打通O2O生活消费领域
网银在线	2003年	民营	京东商城	互联网支付、移动电话支付、固定电话支付、银行卡收单	专注于为各个行业提供安全、便捷的综合电子支付服务
Pay Pal	2010年	外资	美国eBay公司	—	是备受全球亿万用户追捧的国际贸易支付工具
Apple Pay	2016年	外资	苹果公司	—	提供基于NFC的手机支付服务

（二）第三方支付机构的创新与融合

在各个领域内，线上与线下的融合已成为不可阻挡的发展潮流，第三方支付机构亦是如此，由此实现支付方式的创新。例如，支付宝、微信支付、拉卡拉等都开通了扫码支付功能，使广大用户获得了更好的消费体验；而且也为商户提供了收银服务，为支付双方的交易活动提供了有力支持。此外，尽管第三方支付机构在平台支撑上尚处于劣势，但它积极拓展增值服务，如为用户提供财务管理服务，由此吸引更多的用户。2014年7月，海关总署上线跨境电商通关服务平台，快钱成为首批在海关正式获准备案的试点支付企业；百度钱包也与糯米网开展全方位合作。而有平台支撑的第三方支付机构扩大经营范围，向银行专营的金融增值服务延伸。例如，2014年，阿里巴巴成立了全新的蚂蚁金融服务集团，名下包括芝麻信用、蚂蚁聚宝、网上银行、蚂蚁小贷、蚂蚁花呗等新业务；财付通也推出了自己的理财平台。

二、中国逐渐迈入"无现金时代"

曾有报道指出，中国是最早使用硬币的国家之一，后来发明了纸币，但在新的发展环境下，硬币和纸币的使用将会减少。尽管这种说法缺乏现实根基，但也并非无稽之谈。其合理性体现在，中国非银第三方支付，特别是移动支付（主要是手机支付）迅速发展，硬币和纸币的应用空间将可能被挤占。从以下情况中可以看出我国纸币市场的变化：当前，许多人认为，他们在消费过程中不需要现金支付，手机支付的应用极为广泛，特别是微信和支付宝深受广大群众的青睐。人们甚至对这两大支付方式产生了极强的依赖性，对于中青年群体而言，即便出门不带现金，他们依然可以做出消费行为。无现金支付在中国的发展空间将不断扩大，而现金交易将可能渐渐变少。

中国经济发展速度加快，中国经济对于世界经济的影响日益增大。若中国的无现金支付全面普及，这对于国内经济乃至世界经济的影响将是不可估量的。已有报道显示，欧洲一些小国正在向"无现金社会"迈进，但由于其经济规模较小，并不足以对世界经济产生巨大影响。然而，中国作为经济大国，如果移动支付得到全面应用，能顺利跨入"无现金社会"，对于世界金融而言将是惊天动地的大事，金融交易的便捷度和经济资源配置效率将大幅提高，无形中将创造非常巨大的价值，届时社会经济金融安全领域的反洗钱、反贪污、反腐败、反贿赂等工作都可以开展大数据追踪。一个小小的支付革命，意义却非常重大。

中国人曾一度对欧美大国信用卡的广泛使用钦佩不已，也希望信用卡能深入应用到中国企业运营与个体消费中。但让那些金融大国始料未及的是，互联网金融在中国的发展速度极为惊人。现阶段，中国逐渐迈向移动支付时代，无现金支付的应用大规模拓展，应用人群不断增多。

互联网诞生于美国，手机最早也是出现在美国，苹果手机在全球智能手机领域至今仍处于重要地位。但中国电子商务呈现欣欣向荣的发展局面，这让世界经济大国赞叹不已。亲临欧美国家才能真切感受到他们网上购物与物流快递的低效，也才能对比出中国电子商务发展之快、物流快递之高效与便利。

社会经济发展总是遵循这样一条规律，即经济决定金融。互联网技术的高速发展，有力推动了传统金融的转型，为金融业的变革带来了强大的技术支持，促使金融领域的各种行为都带上了技术烙印。移动支付正是在互联网环境下形成并发展起来的，如果离开互联网，移动支付也只能是空谈。

从以下几个现象可以看出中国移动支付发展之快。中国大街小巷的小吃摊已开始使用移动支付，其摊位上一般都贴有微信和支付宝二维码，消费者通过手机扫码即可完成支付。就连天桥上的乞丐，身前放着贴着微信和支付宝二维码的纸牌，路过的行人可通过扫码为其提供救助。当越来越多的人使用移动支付，中国完全踏入"无现金社会"应该就会指日可待了。

在大众的现实生活中，无论是打车、购物，还是水电缴费、购买火车票，都越来越需要移动支付，无现金移动支付在群众日常生活中的渗透日益深入。在中国人看来，手机能给人带来很大的安全性，甚至可以说，什么都不怕，就怕手机电量耗完。人们已经离不开手机，用手机支付可以省去找零或刷卡签字的麻烦。

在技术和创新愈加重要的发展环境下，中国将互联网的商业应用推向了无与伦比的高度。在中国，互联网特别是移动互联网已成为一股强大的驱动力量。概言之，中国将会迎来"无现金时代"。

第二章 大数据在金融领域的具体应用

第一节 大数据与保险

一、大数据对传统保险理论的影响

（一）大数据对保险定价机制的影响

保险业是一个经营风险的行业，现实生活环境中不确定性的存在是保险业赖以存在的基础。风险的聚集与分散伴随着财富的聚集与分散，成为人类历史的重要部分。保险业主要处理的是风险，尤其是其中的危险的定价问题。

在传统的"大数法则"下，保险产品的定价主要有赖于对于"样本数据"的分析。统计学的诞生极大地降低了人们进行数据分析所需要的样本数量，并在实质上大大减少了数据分析，从而优化决策的成本。虽然有着种种优点，但是，这种传统的"样本分析"的方法还是不能尽如人意。毕竟依靠部分样本来推断总体的方法出现误差是难以避免的，尤其是其中还有数据的随机性、独立性问题的存在。随着大数据时代的来临，信息的大爆炸让低成本地获得海量数据成为现实。通过对大数据全样本的分析，我们可以放弃以往以样本推断全体的方法，而直接对全体进行数据分析。

具体到保险业而言，大数据在保险定价机制上的影响主要体现在对"大数法则"一定程度上的挑战。来自于互联网的各种信息就能够在一定程度上实现对于保险公司客户的区分，进而使得保险公司在对保险产品定价时实现最终的区别定价的目标。在完全的歧视定价下，所有投保人都将获得一个公平的保险价格，从而所有理性的投保人都将选择进行全额保险,并且由于"柠檬市场"的不存在,逆向选择和保险欺诈也将消失。

当然,上面所说的关于大数据的设想完全是一种理想状态下的情形。在我们现实的环境中,全人类的数据并非是完全共享的,而且鉴于人们隐私权的保护需要,当前的大数据将会是一个个大型孤岛数据,基于大数据对投保人的完全歧视定价是不可能实现的。但是,在某些具体险种方面,如机动车辆保险,就可以实现一定程度的差别定价。现在我们的保险公司针对汽车保险的定价主要是依据性别、驾龄、车型和用途等因子,这是一种典型的"样本分析"下通过对因果关系的探求来实现车险定价的路径。在"中国保信"成立后,车险数据平台将实现全国联网,并且一个具有想象力的方案是在投保人的汽车上安装监控装置获得投保人的驾驶信息,如果真能实现的话,通过对大数据的分析,依赖对相关关系的分析,相信针对车险的更有效率的歧视定价机制很快就会出现。

(二) 大数据对于保险去中心化的影响

按照法律关系,保险合同的当事人是保险人与投保人(被保险人),传统上我们一般把保险代理人、经纪人和公估人称为保险中介。但是从实质来看,保险人(一般情况下即保险公司)在整个保险活动中是作为投保人和理赔对象之间的中介出现的。风险和报酬的转移的两端是投保人和理赔对象,而保险人是一个居间协调的角色。在一个典型的保险活动中,保险人首先从广大投保人处收取保费,投保人和被保险人借此将风险转移到保险人处,由此风险和资金都集聚到保险人处,保险人则承诺将在投保人发生损失的时候提供理赔。

保险机构存在的意义在于其功能的实现。在传统保险框架内,保险机构主要起着2个作用:一是利用大数法则通过组合实现风险管理;二是通过专业能力降低信息搜集成本,尽量消除信息不对称。从保险的发展历史来看,互保等保险形式的存在说明保险公司的优势主要在于第二点,即在信息搜集和处理方面。纵观当前仍然存在的一些相互保险的案例,我们基本上得出一个结论,即互保一般只适用于相互熟悉或者同质的投保人。相互保险组织作为一个互助性团体,成员往往对该团体的风险比较了解,能很好地克服信息不对称问题。但是在其他情形中,为了降低克服信息不对称的成本,保险公司尤其是股份制保险公司往往会是一个比较好的选择。

大数据时代,信息的搜集和获取成本极大地降低了。在这样的环境下,相互之间完全不熟悉的互助保险投保人只要获得足够的信息披露即可能参与到互助保险中来。这也就是保险业中的 P2P 形式，相互保险公司在这个阶段将成为保险业的主要形式。而且，相互保险公司的主要功能也和以往的相互保险公司不一样，新的相互保险公司的主要任务是进行数据信息的搜集和分析，进而为投保人（同时也是保险人）的决策提供支持。相互保险公司在这样的框架下主要起到了平台和服务提供商的作用。

保险去中心化，实现保险的 P2P 虽然在实质上更符合保险的本质，但是这种形式要实现还是存在非常大的困难的。一方面，这对广大投保人的保险素质提出了较高的要求；另一方面，平台的安全性及平台人员的专业技能将受到严重考验。保险的专业性使得 P2P 的保险受到很多限制。虽然保险的原理很简单，但是具体的各项业务操作却很专业，保险公司的存在自有其必要性，这也是社会分工的意义所在。

（三）大数据对于可保风险的影响

风险管理遵循这一规律，新技术的应用能弱化甚至消除传统风险，而随之会产生新的风险。如果新的风险大于传统风险，新技术的推广与应用将受到限制；反之，新技术才能不断扩大自身的生存空间。随着风险管理技术的发展，我们在完成对旧有风险的有效管理之后，新的风险也层出不穷。这些新风险的出现同时也对保险业提出了新的要求。但是，囿于传统保险理论中对于可保风险的约束，当前仍有许多新的保险需求未能够得到保险公司的承保。

根据传统的保险理论，只有同时具备如下条件的风险才属于可保风险：①损失程度高；②损失发生概率小；③损失具有能确定的概率分布；④存在大量具有同质风险的保险标的；⑤损失必须是由意外引发的；⑥损失是可以确定和测量的；⑦损失不能同时发生。基于此，可保风险通常存在于传统风险的领域内。尽管保险公司的实力日益壮大，新技术在保险业务中的应用更加广泛，再加上保险市场发展前景光明，一些原本不可保的风险已被一些保险公司列入保险责任中。但是总体而言，保险公司提供的保险产品仍然很难满足市场对于风险管理的要求。

之所以确定这么多条件作为可保风险的条件，主要是因为传统保险公司风险管理能力有限。大数据技术的使用在理论上可以极大提高保险公司的风险管理能力，尤其是在解决信息不对称方面的能力。在大数据的条件下，保险公司可以放宽一些条件，如损失概率要求有确定分布、大量同质且独立风险的存在等。

二、大数据对保险公司经营的影响

"大数据时代,最大的改变就是对行为科学的革命。"作为一个以人为本的服务行业的子行业,保险业唯一符合现实的策略就是主动拥抱"大数据"。这种拥抱不是仅仅体现在营销、渠道或者开发定价等具体的运营环节中,更是体现在思维模式、商业模式和业务链条再造的层面上。在一个以信息和数据为核心的行业中,掌握更强的数据搜集能力和数据分析能力往往就意味着在竞争中处在了优势地位。

(一)大数据对保险业思维模式的影响

随着科技的发展,我们的社会也逐步步入了智能化时代。从最普遍的移动互联网发展到智能家居、智能可穿戴设备乃至物联网的兴起,我们的时代已经处在一个快速数字化的阶段。在实现了文本、图片和视频的数据化、数量化之后,由于类似智能手机等设备的存在,人类的行为也将变得更加能够量化,不管是身体健康指数还是在某个程序上的停留时长都成为人们数据统计的重点。随着各种智能设备的发展,它们已经在很大程度上成为我们身体的一部分,只要能够有效利用这些数据,对人类行为的量化和预测就将成为现实。

在低成本地获得了海量数据后,更重要的一步是我们要对这些数据进行加工处理,而这就需要我们具备大数据的思维。简而言之,大数据的思维主要体现为:分析全面的数据而非随机抽样;重视数据的复杂性,弱化精确性;关注数据的相关性,而非因果关系;重视数据的时效性。具体到保险业而言,这就要求保险公司在获得了大量低成本的数据信息之后,及时对信息进行分析,并且在分析过程中更加重视数据之间的相关关系,进而在全样本下完成所需要的预测。

(二)大数据对保险业商业模式的影响

在大数据情形下,保险业的商业模式也将发生很大改变。从根本上来说,就是使保险公司的角色由一个产品提供商转化成一个服务提供商。在这一过程中,不同的保险公司之间也将发生分化,进行行业内的进一步分工和协作。以下主要从营销与渠道这个角度说明这一变化。

我国当前的保险营销体系中,以保险代理人为代表的中介体系贡献了大部分保险业务。此外,目前主要的营销渠道还包括电话销售、银邮渠道和电商等。作为一个新兴的营销渠道,电商渠道虽然发展时间较短,但发展速度却异常迅猛,这也引起了业内人士对于开发电商渠道的浓厚兴趣。

在众多的保险营销渠道中，各营销渠道都有其优缺点。一般来说，保险代理人可以为客户提供更好的保险服务，同时也能在业务过程中获得更多的客户信息，但却存在着成本高昂及员工离职带来巨大损失的可能。电话销售虽然成本低廉，但却存在着业务转化率低及业务开展日渐困难的问题。银邮渠道往往在件均保单保额上面有着巨大优势，但是银行的强势却使得这一渠道的利润很大一部分被银行蚕食，同时银行系保险公司的大量成立更使得其他保险公司难以在这个渠道获得业务突破。最后是电商渠道，电商渠道主要分成2类，一是保险公司自建电商出售保险产品，二是保险公司与第三方电商企业合作在第三方电商出售保险产品，电商渠道成本低廉而且方便快捷，有着很大的发展空间，但一般认为只适合简单透明的保险产品。

在当前环境下，我们一般认为电商渠道是发展空间最大的。一方面，电商购物符合现在年轻一代消费者的消费习惯，只需要轻点一下鼠标就可以便捷地实现自身的保险需求；另一方面，正如其他电商企业一样，投保人在网站购买保险时完全可以通过即时通信工具和留言等形式与保险公司进行交流，这样也可以较好地实现保险合同签订过程中保险人对于投保人即被保险人的说明义务。通过电商售卖保险产品的优势是非常明显的，除了成本低廉、可以发挥保险代理人的职能之外，通过对客户在网页上的聊天记录、点击行为和各个选项停留时间等信息的数据化处理，保险公司还能够对投保客户的行为模式、购买偏好及思维习惯等有进一步的认识。而且相比保险代理人从投保人处得到的反馈，这些最直接的信息往往有着更高的价值，这对于后续产品的开发及针对不同投保人的风险定价都有着重要的意义。

（三）大数据对保险公司经营能力的影响

保险业的经营很大程度上是以信息为核心的，信息资源是保险公司的生命线。在大数据时代，随着技术的发展和信息数据的爆炸式增长，保险公司的经营能力、风险管理能力都得到了很大的提高。

在汽车保险方面，互联网的出现将使得车险的定价发生巨大变革。以"中国保信"为例，当前其主要的工作就是统筹全国车险信息平台系统，一旦这一信息平台得到建立，我国的车险信息将实现完全联网，"中国保信"的数据系统将向所有保险公司公开。在车联网建成之后，大数据的理念和方法将被引进到保险公司的车险定价中。面对海量的数据，保险公司的车险定价将在当前"大数法则"主导下的因果关系主导无差别定价转变成关联关系主导下的差别定价。

　　基于基因技术的发展，未来寿险的经营和定价也将发生巨大的变化。依赖于海量的基因数据，生物科学和医学的发展使得人类的平均预期寿命大幅提高。在可预见的未来，人类利用基因技术来延年益寿将成为现实。在这种情形下，保险公司在寿险的定价中还是继续使用以往的生命表将可能发生较大的偏差，从而高估了死亡风险，同时低估了生存风险。另外，从理论上来说，随着人类对生命探索的不断加深，总有一天保险公司依靠着医院或者互联网上的部分大数据在基因的角度实现差异化定价，当然这是在伦理上无法为人所接受的。

　　在当前我国各个保险险种的发展中，农业保险的发展相对来说还是非常滞后的。出现这样的情况也是有着各个方面的原因，农业保险的风险主要在于其损失发生往往是不独立的，容易形成大范围的损失。另外，农业保险往往和天气状况紧密相关，传统保险人的技术手段难以对保险标的有足够了解，在即将出险时保险人往往也没办法提前做出预判进而进行风险管理。随着遥感技术的发展，农业保险的发展也将迎来一个巨大的机遇。在大数据时代，保险公司通过与相关部门合作获得遥感技术的相关数据后，经过一系列处理，可以很好地获得关于农作物的信息，关于农作物的实时数据的分析可以很好地防止信息不对称的情形出现，而且也有利于保险公司防灾防损措施的推行。

　　由此可见，我们可以看到大数据对于保险公司承保能力、风险管理能力的提高有着巨大的积极作用。在使用大数据分析信息之后，保险公司的经营将更加稳健、高效。

　　（四）大数据对保险公司产品服务的影响

　　大数据时代是和互联网时代或者说是移动互联网时代、社交网络时代一起出现的，在人与人能够通过数据网络进行交互交流的背景下，我们才能获得如此海量的数据。因此，大数据对于保险公司或者说保险业的影响很大程度上也受到互联网时代的影响。

　　关于互联网思维和互联网商业模式的探讨一直是一个热点话题，在各个传统行业纷纷发出向"互联网企业"学习的信号时，保险业自然也不能落后。到底什么是互联网思维，到现在仍然没有形成一个统一的定义。但是，注重用户体验、客户至上的观念至少是其中的一个重要部分。保险公司在大数据时代的工作重心放在大数据资料的搜集上，而这正需要保险公司进行自我革命。保险公司应该将自身的定位从原来的产品提供者向服务提供商转变。传统的消费者或者说投保人往往更注重的是产品质量本身，或者更多时候是价格的高低。但是在大数据互联网时代，客户更重视的是自身个性的张扬和消费的体验。这也就很自然地要求保险公司转变经营思路，在竞争中更加重视服务质量的提升。

以美国信诺公司所研发的一款手机 APP 为例，我们可以看一下这种商业模式的变化。美国信诺公司是一家主打"高端医疗保险"的公司，它开发的一款手机 APP 获得了用户的广泛好评。通过手机 APP，公司有了一个数据的流量入口，大数据的获得实现了低成本的目标，同时公司也借此切入了移动互联网时代，切入了社交网络时代。公司通过手机 APP 帮助客户"量化自我"，为客户提供各种健康数据，提供医生医院的价格查询，提供客户的实施个人健康计划和健康基金情况。这种交互式的数据获取方式一方面降低了数据取得的成本，另一方面也给了客户很好的体验，同时医生及医院、保险公司和投保人（被保险人）也发生了良性互动，实现了对于客户的"管理福利"。从中我们可以注意到，由于大数据带来的保险公司经营能力的提升将加大保险公司之间的竞争力度，保险业的具体分工将继续细分，中小型保险公司将对自身业务重新定位，发现其优势险种。同时，大数据时代保险公司的竞争也将从"价差时代"走向"服务时代"，保险公司提供的服务质量高低往往决定了未来保险公司在竞争中的成败。

（五）大数据对保险业业务链条的具体影响

大数据对保险公司的影响归根结底还是要作用到保险公司业务链条，否则也只是空谈。按照传统的保险业务流程来看，一般性的流程是业务人员进行保险需求挖掘，进行产品开发定价，业务人员进行保险营销，对投保人（被保险人）进行核保、承保、服务和最终理赔。而从我国的具体情况看，当前我国保险公司之间的产品竞争非常同质化，所谓需求挖掘和产品定价等整个业务流程也往往趋于同质化。业务员与精算部门、核保理赔部门的协调性还存在严重不足。运用大数据思维、互联网思维对保险公司业务流程进行改造，成为保险公司在新形势下取得竞争优势的必然选择。

对于保险公司而言，依靠大数据改造业务流程除了在思维模式上进行主动改变之外，人才的配备也是一个基本前提。人才这个因素在很大程度上决定了保险公司经营的成败。大数据的使用要落到实处真正降低成本，一般认为还是源自业务，有业务驱动会更合适。但是，由于大数据下保险服务和保险公司传统的业务存在区别，因此在人才的选择上，仅有业务人员和 IT 技术数据挖掘人才是不够的，还应该有懂得心理学的市场人员和营销人员。只有在各个部门的通力合作之下，大数据的运用才能够真正落到实处，发挥其应有的作用。

就保险业务链条的各个环节来看，由于在大数据下服务贯穿了整个流程的始终，保险业务链条各个环节之间的联系也变得更为紧密，并且业务闭环的趋势逐渐形成。

第一，从需求的挖掘来看。在传统的保险业务实践中，由于业务的同质性，许多保险公司采取了跟随策略，并没有自发去进行保险需求的挖掘。就自主挖掘客户需求的保险公司而言，一般需求挖掘的信息来源也是主要依靠业务员或者说依靠公司的抽样调查结果。这样的信息数据来源存在一定的问题，抽样样本无法代替全部，从而根据这些数据分析出来的需求也可能是失真的。另外，这样的需求挖掘也存在着成本过高的缺点，业务员的佣金支出自不必说，抽样调查也是高成本、低产出的一种方式。相比之下，大数据时代的保险需求挖掘就有着成本低廉、样本齐全、样本量大等优点。从数据来源上看，以电商销售保险为例，客户在消费了保险产品之后往往会在网站留言点评，而且客户的整个购物过程行为数据也是很有意义的数据，对于探知消费者的需求特点有非常重要的作用。针对全样本的数据分析，虽然可能存在信息密度相对较低的问题，但数据的真实性及预测未来的能力也会大大提高。

第二，从保险产品的开发定价来说。在当前的保险公司经营中，精算部门的产品定价很多时候和业务部门、营销部门的利益是相悖的，而且整个定价依据的数据信息基本上是一定的"样本数据"。在大数据下，保险定价依据的是互联网中海量的信息，全量数据形成的判断往往相对样本数据分析的结果存在一定的优势。而且大数据下由于公司几乎所有人员都变身成为服务人员，业务人员和精算人员的利益也会趋向协同，这样精算人员也将在定价时少了很多工作之外的压力。

第三，从保险产品的营销和渠道来说。在传统的渠道发展逐渐到达一个瓶颈期后，保险业的整体形象也已经恶化到一定程度了，若不进行重大变革，保险业的发展将受到很大限制。大数据时代和移动互联网时代的到来给了保险业很好的机遇，只要充分利用此次机会提升保险公司的服务质量，积极拓展新的营销渠道，保险业的发展仍然非常值得我们期待。乘着互联网金融的东风，成功上线的保险产品也越来越多，在线销售的保险产品在保险公司总保费中的占比也越来越大。

根据相关预测，到 2020 年，保险公司线上保费将占到所有保费总额的 10% 以上。在大数据下，作为保险公司价值实现的核心环节，保险产品销售仍然在保险公司经营中有着重要的意义。利用大数据对客户的偏好进行分析，结合传播学的相关实践尽可能提高广告的业务转化率，并且在这一过程中加强与客户的互动，以期能够更好地为客户服务，这是保险公司在大数据时代提升自身营销效率的一条一般性路径。

在保险业务中，承保核保阶段是非常重要的环节，这是保险公司控制风险、消除信息不对称的关键。由于保险的特殊性，保险人和投保人（被保险人）之间存在严重的信息不对称的情况。投保人一方往往对保险标的有着更多有关风险的信息，而这些信息对于保险人做出是否承保及收取保费的多少的决策有着重要影响。根据传统的保险经济学理论，保险人和投保人（被保险人）一方的信息不对称容易使得保险市场变成"柠檬市场"，这就造成了"劣币驱逐良币"的结果，结果道德风险和逆向选择盛行。在大数据时代，保险公司可以通过对海量数据的分析来尽可能消除信息不对称，这些数据既包括各个保险公司自身的数据库资源，也包括社交网络、电商企业等互联网上的其他数据资源。虽然这些数据往往存在着有效信息密度低、半衰期短的缺陷，但通过对这些数据的分析，保险公司往往可以将相关信息进行对比验证，从而提高所得到信息的真实程度，进而更好地为自身的承保决策提供佐证。

在传统的保险实务中，理赔往往意味着一项保险业务的终结。然而，在新的保险业务框架下，理赔意味着旧的保险业务的终结及新的保险业务的开始，这也是大数据下保险公司数据信息搜集能力提高的结果。在理赔时，保险公司理赔人员的责任将从单纯的核损理赔转变成核损和挖掘客户需求信息两位一体。另外，在当前某些保险公司的实践中，还出现了网上核赔的情况，即通过互联网取得相关证明文件和照片视频等信息之后，保险公司即可对被保险人进行理赔。这样就可以大大提高保险公司的理赔效率，进而大幅提升保险公司产品的用户体验，同时还为保险公司节省了一大笔理赔的费用，确实是一种一举多得的核损理赔方式。当然，这种理赔方式目前还只适用于一些较为简单透明的保险产品，毕竟理赔是一项非常需要专业技能的工作，理赔人员在做出具体的理赔决策之前需要获得大量信息并依靠专业技能和专业经验进行分析。

第二节　大数据与资产管理

一、大数据资产管理时代已经到来

按照现代金融理论的划分，金融系统具有6项基本功能：资源配置、支付结算、风险管理（资产管理）、价格发现、产权分割及提供激励。其中，前2个功能处于基础性地位，而风险管理（资产管理）则处于核心地位。之所以将风险管理与资产管理等同起来，是因为风险本身就是一种特殊的金融资源。金融机构在对风险进行管理的过程中，实际上就是进行资产管理的过程，如图2-2-1所示。

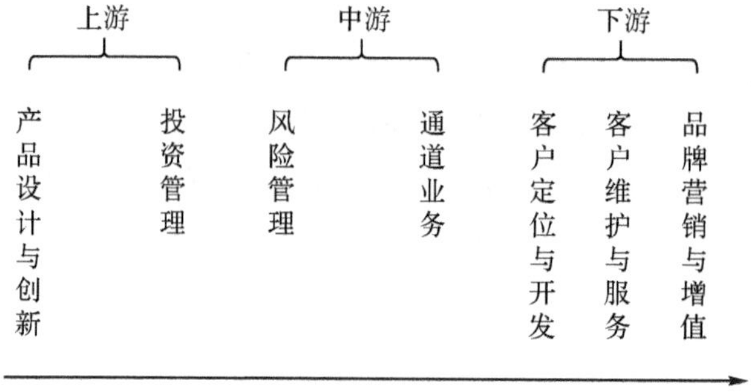

图2-2-1　资产管理业务链条

从产业链角度，"与一般产业形态相类似，资产管理行业业务组织是依据特定的逻辑关系和时空布局关系而客观形成的链条式关联关系，其本质是一个具有某种内在联系的业务形态集群结构"。金融机构的资产管理业务可分为上、中、下3个部分：上游业务包括产品设计与创新、投资管理；中游业务包括提供通道业务、风险管理；下游业务包括客户定位与开发、客户维护与服务、品牌营销与增值。

近年来，随着金融业"大数据时代"的到来，资产管理行业与大数据的"联姻"也日趋紧密、蓬勃发展。在资产管理领域内，大数据的优势体现在：在大量挖掘和科学分析数据信息的基础上，掌握有助于业务活动高效开展的关键信息，从而为资产管理主体做出决策提供依据和指导。在资产管理的各个方面，大数据都有其独特的价值，发挥出重要作用。

首先，产品开发"多元化"。依托大数据，资产管理者能为用户提供具有针对性和个性化特色的产品和服务，以融入市场多元化发展潮流。产品开发的多元化具体表现在以下2个方面：其一，通过数据挖掘、整合与分析，能为资产管理者提供有关用户的有价值的信息，从而使其更准确地把握用户的行为倾向，为其提供新产品；其二，大数据既有大量的结构化数据，同时也将图片、音（视）频等非结构化数据涵盖在内，体现了数据的全面性，这些数据为投资管理提供了数据支持，促使资产管理特色更加突出。

其次，风险控制"智能化"。面对日益凸显的流动性风险，资产管理者借助多样化的数据信息科学分析流动性风险，据此制定出资产管理策略。凭借这一技术，余额宝成功应对了2013年"双十一"购物节当日50亿元的巨额赎回。针对信用风险，基于大数据技术的风险评估系统正在取代传统的信用评估方法。此类风险评估系统能够对融资者的上万条原始数据进行计算，并提取数千个预测指标，实现对其违约风险的动态监控。正是通过类似的系统，服务于70万家小微企业的阿里小贷始终将不良贷款率控制在1%以下。

最后，市场营销"精确化"。目前，资产管理行业的市场营销主动而不"精确"。产品虽然被积极地推介给客户，但并不一定匹配客户的真实需求，因而限制了市场的进一步拓展。基于大数据的精确营销正在改变这一现状，依托大数据把握客户偏好，实现客户的精确分层、产品的精确推送和销售战略的精确调整。同时，精确营销也为产品开发提供了重要的逆向指导。通过准确把握客户的理财习惯和资金运用规律，资产管理者可以为细分的客户群定制个性化的理财方案和相应产品。2014年新加坡星展银行与IBM Watson的合作正是这一方面的典型尝试。

除了微观层面，大数据也正在重塑资产管理行业的宏观格局，行业竞争势态和行业监管形态正随之发生重大的变革。

第一，行业竞争"跨界化"。大数据打破了资产管理行业与互联网行业的传统界限，与互联网企业共享大数据资源正成为银行、基金、保险等中国资产管理行业六强争霸的新战场。阿里巴巴、腾讯、百度等互联网巨头拥有天然的大数据资源和卓越的客户分析技术，同时正在构建涵盖垂直搜索、资产管理产品销售、移动支付等功能的金融大平台。借助与互联网企业的合作，资产管理企业将取得新的信息优势和渠道优势，充分发挥大数据的威力，重构现有的竞争格局。

2013年，牵手阿里巴巴的天弘基金一跃成为中国规模最大的公募基金。同年10月，华夏基金携手百度金融推出"百发"理财计划，其10亿元份额在3小时内即告售罄。

第二，行业监管"高效化"。大数据技术在行业监管领域已大显身手，有力地促进了资产管理行业的健康发展。一方面，基于大数据技术的监管自动化，能够成倍提升资产管理行业的监管效率和准确度，降低监管成本，有效打击内幕交易等违法行为。另一方面，基于大数据技术的市场实时监控和风险预警，能够在恶性行为造成实际危害前及时发现和阻断这些行为，从而降低投资者的损失。2013年以来，中国证监会借助大数据稽查系统，准确侦破了多起"老鼠仓"案件，在基金行业掀起了愈演愈烈的"打鼠风暴"。

随着双方"联姻"的不断深入，大数据对资产管理行业的变革贯穿整个运营环节，涵盖微观和宏观多个层面。总体而言，得益于大数据技术，资产管理行业的服务更加完善、竞争更加激烈、监管更加高效。这将为资产管理行业注入新的活力，推动其迎来新一轮的繁荣与发展。

二、金融机构资产管理变革

（一）大数据与风险管理

金融的本质就是利用信息优势为交易双方提供服务的中介。数据与风险是其中的两大要素。数据的获取与分析能力决定信息优势的大小，这是其核心竞争力所在。

互联网强大的信息创造及信息流整合功能，在提升透明度的基础上助推人类社会迈入了大数据时代。而以之为前提的云数据处理技术的出现，客观上使发掘和整合传统抽样调查所无法描述的细节信息成为现实。并且，这些云数据所包含的个人或企业的信用信息比商业银行等金融中介传统的信用评级技术所得的结果要更为准确。

如图2-2-2所示，利用大数据进行风险管理的基本步骤包括数据准备、加工、分析和应用四大块。数据原料包括个人基本信息、银行账户信息、银行流水信息及相关的互联网数据。这些数据类型多样，有些并不能直接利用，需要加工成标准化的数据，然后再放入模型中，基于不同的算法进行数据挖掘，最后得到需要的相关信息，从而辅助决策。在利用大数据进行风险管理方面，阿里小贷无疑是最成功的范例。

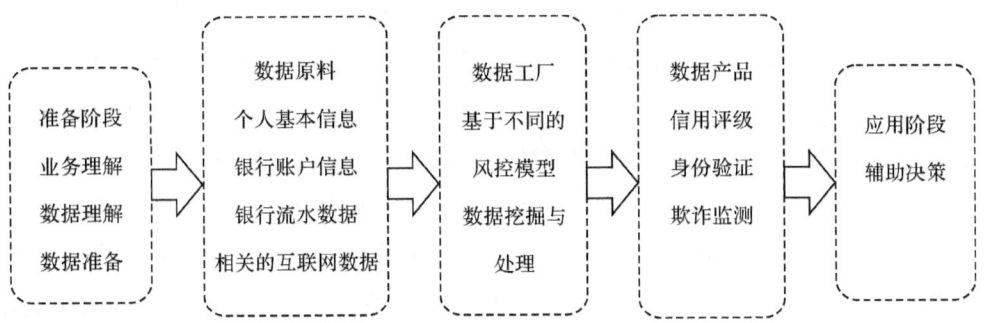

图 2-2-2 大数据风险管理的基本步骤

（二）大数据与客户开发

与一般商品不同，金融产品存在三大特点。第一，金融产品相对复杂，产品性质往往艰深难懂。第二，金融产品的客户群体现出明显的分散性，其经济背景、消费偏好等因素在很大程度上影响着自身的产品需求。第三，金融市场富于变化性和不稳定性，客户对于某一金融产品的购买决策具有时效性与迅捷性，如果购买体验达不到预期要求，往往会选择放弃。可见，在金融产品的营销上，满足客户的个性化需求显得至关重要，因而要尽可能多地掌握客户群的相关信息。

大数据适应了金融产品的这些特点。一般而言，利用大数据进行客户定位与开发包括如下 4 个步骤。

（1）合理划分区域。人们的生活往往可被划分为多个圈子，如生活圈、工作圈、兴趣圈等，每个圈子又能被进一步划分为多个更小的圈子。在金融领域，将客户划入特定的圈子中，是营销业务高效实施的需要。依据现有技术，能够提取他们的姓名、工作单位、住址、电话等数据。有条件的情形下，还可以凭借客户的手机定位信息，或者他们撰写微博、发送图片的位置信息等确定他们的区域归属。

（2）区域客户画像。针对一系列典型圈子的客户个人特点、消费情况、业务情况进行分析，详细掌握客户特征，能够保证"知己知彼"。

（3）行为偏好分析。这是在商业应用中对客户实现差异化营销非常重要的一点，用以达到对客户的深度认知、判断。

(4) 遴选营销活动。在完成以上的前期工作后，合作商户可以较为顺畅地开展后续营销工作。在营销活动中，一定要对客户有针对性，做到因人而异地推销服务。例如，面对商务圈的客户，应优先选择电子邮件、信息发送等方式，并且最好在其休息时间内推送，以避免他们因工作繁忙而忽略信息；对于家庭主妇而言，可优先选择电话营销方式，这样便于获得她们的关注，提高成功率。

招商银行的实践为利用大数据进行客户开发和定位进行了很好的诠释。根据相关资料，招商银行通过数据分析识别出持有招商银行信用卡的客户时常出现在麦当劳、DQ、星巴克等适合小憩的场所。据此，招商银行推出了"积分店面兑换""多倍积分累计"等活动来提升营销的针对性。

第三节　大数据与量化投资

一、量化投资的基本策略

近年来，量化投资领域涌现出了一大批各具特色、灵活多变的证券投资策略，并经受住了市场实践的长期考验，如量化选股、量化择时、股指期货套利、商品期货套利、统计套利等。

(一) 量化选股

量化选股是指通过数量分析来判断是否将一只股票放入股票池。具体的方法一般包括公司估值法、趋势法和资金法。公司估值法通过对基本面的分析得出公司股票的理论价格，在与市场价格的比较下决定高估或低估，进而决定买空或卖空。趋势法将市场的表现分为强市、弱市及盘整3种形态。投资者根据不同的形态做出相应的投资决策，跟随趋势或者反转操作。资金法是指根据市场主力资金的流动方向来决定自己的投资决策。一般情况下，跟随主力资金的流向可以获得短期超额收益。

(二) 量化择时

量化择时是指利用数量化的方法，在对宏观、微观指标进行量化分析的基础上，找到趋势延续或反转的关键信息，把握市场走向。随着计算机技术及混沌、分形理论的发展，股票收益的非线性相关关系也逐渐被发现，推翻了随机游走的假设。很多学者开始利用非线性动力学的方法来研究股价收益率的变动，大大提高了对股票收益预测的准确度。具体而言，量化择时有趋势择时、市场情绪择时、牛熊线、Hurst 指数、支持向量机分类、SWARCH 模型等方法，这些方法有各自特定的理论基础。例如，趋势择时的基本思想来源于技术分析，而 Hurst 指数则是分形理论的具体应用。因此，每一种方法都有其优势，也有其局限性。由于大盘趋势和宏观经济的各种指标（GDP、货币供应、外汇政策等）有较高的关联度，上述方法在使用前要做具体的适用性分析，必要时可以综合使用。

（三）股指期货套利

股指期货套利是指利用股指期货市场上价格的不合理性，同时进行股指期货与现货市场的交易或者不同期限品种间的交易，以赚取价差。因此，股指期货套利包括期现套利、跨期套利、跨市套利及跨品种套利。其中，最主要的是期现套利和跨期套利。通常情况下，期现套利属于无风险套利；跨期套利是利用不同交割期合约的不同价格进行套利交易。在市场预期稳定的情况下，不同交割期合约的价差应该保持在一个合理的范围内。当价差落到这一合理范围外时，就会产生套利机会。因此，跨期套利的核心在于计算合理价差，不同合约价差都会向这一均衡价差收敛，这也是股指期货套利的一个理论基础。

（四）商品期货套利

与股指期货套利相似，商品期货套利也要借助对历史数据的统计分析，把握最佳套利时机。不同之处在于，商品期货的跨市场套利与跨品种套利更普遍。同一期货商品在不同的市场进行交易时，除了地理环境等固定因素，市场供求、市场交易结构等因素也会导致价格的不一致。因此，跨市场套利可以抓住这一时机，在一个市场上买入某个交割月份的期货，在另一个市场上卖出同一交割月份的期货，从而赚取价差。跨品种套利在商品套利中也是非常普遍的。在很多情况下，某一现货产品可能没有对应的期货产品，但与另外的期货产品具有稳定的相关关系，如铜现货与金期货。在二者的价格偏离正常轨道时，进行反向操作可以获得利润。

（五）统计套利

统计套利是一种有别于无风险套利的方法。它不依赖于具体的经济含义来构建投资组合，而是主要利用股票的历史统计规律进行套利，因此，该方法的风险在于根据历史价格得出的统计规律在未来能否延续及延续的时间跨度。统计套利一般可以分为 2 类：β 中性策略和协整策略。前者建立在股票收益率的基础上，通过调整投资组合，使组合的 β 为 0 并且实现 Alpha 收益。后者直接基于股价进行建模，根据历史数据选择相关关系强的投资产品，利用协整的方法找出长期均衡关系。在价差的偏离超过设定阈值时开始建仓，买高卖低，再根据累计收益率对均衡关系的偏离程度选择平仓时机。相较而言，以上 2 种方法都能够规避市场风险，但 β 中性策略更容易发出错误的交易信号，原因在于 β 策略是一种超短线策略，如果日偏离在短期内得不到恢复，就会导致策略的失效。实践中，统计套利可以应用到股票配对交易、股指对冲、融券对冲及外汇交易对冲等领域。

（六）算法交易

算法交易是指利用计算机程序来控制交易的方法，其控制的范围包括交易时间、交易价格及成交量。通常情况下，算法交易有主动型、被动型和综合型三大类。其中，被动型算法目前最为成熟，其优势在于可以减少目标价与实际成交价之差。实践中，该方法可以细分为成交量加权平均价格的方法及时间加权平均价格的方法等。与被动型不同，主动型算法体现出高度的灵活性，交易决策往往随相关因素的变化而发生改变，体现出时效性。例如，在市场对投资者有利时，可以自动修改模型的参数，加快交易的进行。综合型算法交易融合了前 2 种方法的优点，在设定具体交易目标的同时又能够兼顾市场的实时变化，对交易做出相应调整。这种方法可以通过将交易指令分拆、散布到各个时间段内来实现。

另外，目前市场上还存在一些针对特殊投资品种的量化方法，如期权套利、封闭式基金套利及 ETF 套利等。这些方法与上述的股指期货套利及商品期货套利的原理相似，只是具体操作方法略有不同，在此不再赘述。应注意的是，在大数据时代，高频交易作为量化投资的一个新策略与新方向正逐渐被人们所重视。

二、量化投资的主要工具

量化投资是计算机、数学与金融的综合应用。开发和实施上述的量化投资策略，通常涉及数据挖掘、人工智能、小波分析、随机过程、分形理论及支持向量机等技术工具。在此，对数据挖掘、人工智能、小波分析技术工具做出简要分析。

（一）数据挖掘

数据挖掘是从数据库中挖掘知识的一个基本步骤。其模型主要分为分类模型、关联模型、顺序模型及聚类模型等，其典型的方法有神经网络、决策树等。数据挖掘广泛地应用于板块轮动策略中。由于股票市场经常出现板块轮动、涨跌不一的情况,因此可以利用基于关联规则的板块轮动策略进行套利。

(二) 人工智能

人工智能包括机器学习、自动推理、人工神经网络及遗传算法等。人工智能主要应用于短线择时领域。由于短期的趋势判断较为容易,投资者收集信息的方式对于信息优势的形成具有关键的作用。

(三) 小波分析

小波分析是傅里叶变换的拓展,能随着频率的变化自动调整分析窗口的大小。金融时间序列体现出非平稳性和非线性的突出特征,使得以往的去噪方法难以有效解决问题,但小波分析方法的运用,对于量化投资具有积极作用。

此外,随机过程、分形理论和支持向量机也在量化投资中发挥着重要作用,为提高量化投资的有效性,应选取适宜的技术工具,必要时可综合运用多种工具。

三、大数据在量化投资中的应用

(一) 高频交易数据的应用

大数据技术在量化投资中已经得到了广泛而深入的应用。其中,结构型数据的应用主要集中在高频交易领域。高频交易是指利用计算机"服务群组"来寻找市场中微小价差的方法。高频交易的交易量巨大,持仓时间很短,日交易次数多,因此计算机每秒都需要处理海量的结构化数据。由于高频交易催生了一批稳定、高效的盈利策略,很多国际知名的投资机构都斥巨资进行这方面的研究,并取得了丰硕的成果。在2009—2013年共1238个交易日里,美国高频交易公司只有1天亏损。这无疑是利用大数据进行高频交易的经典案例。相较而言,国内的机构投资者在这方面虽然刚刚起步,但近年来利用高频交易获取的年化收益率都已达到50%以上。

一般来说,高频交易策略可以分为两大类。第一类是将传统低频策略高速化实现,包括高频趋势追踪、高频统计套利、高频阿尔法套利等。以配对交易为例,配对交易策略的标的资产不仅是股票,还可以是期货、期权、货币等,因此,该交易策略具有广泛的适用性。在配对交易过程中,获取大数据和运用大数据分析方法显得尤为重要。第一步,要获得市场上庞大的交易数据,通过大数据的相关性分析方法,找到价格走势相关性高的证券;第二步,根据海量的历史高频交易数据，计算证券间的价格差，形成价格差的概率分布；第三步，依据概率分布设定交易触发条件和终止条件（阈值），当证券价格差超过 A 临界值时开始分别买进、卖出证券，而当价格差回归 B 临界值时则平仓；第四步，依据设置，如果证券价格差持续扩大到 C 止损点，也可以选择接受亏损而平仓。不难看出，在配对交易的量化投资过程中，大数据处于核心地位。一方面需要获取历史和即时的大数据作为分析的信息源，另一方面需要运用大数据的分析方法即刻得到分析结果。

第二类高频交易策略是凭借海量数据、高速交易而开发的新策略，包括自动做市商、猎物追踪、流动性回扣、市场微观结构交易策略及事件交易策略等。这些策略的持仓时间非常短。例如，自动做市商策略利用量化算法优化头寸的报价和执行，其持仓时间仅为 1 分钟。市场微观结构交易策略对观测到的报价进行逆向工程解析以获得买卖双方下单流的信息，该策略的持仓时间仅为 10 分钟。事件交易策略则利用宏观事件进行短期交易，该策略的持仓时间一般不超过 1 小时。由此可见，高频交易一般不涉及隔夜持仓，因此它避免了隔夜风险。这在流动性紧张、隔夜拆借利率高企的情形下显得更有吸引力。而且基于计算机的决策算法与执行算法的结合能够有效避免人工决策时的情绪影响，这对提高整体的投资收益极为关键。更重要的是，高频交易拓展了投资的深度与广度，不仅充分挖掘了市场的潜在信息，而且延展了市场范围。只要交易模型设计合理，就能在传统分析师不熟悉的市场上获得稳定的收益。

另外，开发高频交易策略也为投资者带来了巨大的挑战。首先，高频交易不仅数据量异常庞大，而且数据之间的时间间隔也并不一致。传统量化投资的分析方法完全不适用，因此需要引入新的工具和方法。其次，高频交易要求极高的精确性，交易信号的时间如果延迟或提前，盈利就可能转瞬间变成亏损。最后，执行的速度是高频交易的核心。提高交易速度是各投资机构一直追求的目标，而更快的速度需要更大的资金投入。

可以看出，高频交易是未来证券投资领域的重要发展方向之一，其稳定的投资收益与科学的决策过程吸引了越来越多的投资者加入。目前国外顶级投资机构 60% 以上的交易都是通过高频交易来完成的，并且这一比例还在不断提升。在中国，随着金融市场管制进一步放松，适合进行高频交易的投资品种正逐步增加，高频交易将会得到更多国内机构投资者的青睐。

（二）非结构化数据的应用

目前，非结构化数据在量化投资领域的应用并不普遍，但业界正在进行大量的尝试。非结构数据能够提供有价值的信息进而获得超额利润，这促使更多的公司在这方面加大研究投入，并且取得了一定的成果。

欧美市场利用非结构化数据进行的量化投资初结硕果，而国内的机构投资者也不甘落后。2013年以来，国内大数据指数基金相继发力，形成了"百花争艳"的发展态势。南方基金、广发基金、博时基金等基金公司与百度、雪球、奇虎360等大数据提供商携手，率先推出了8只大数据指数基金。而据中国证监会公告，3只大数据基金已获批准，此外还有5只产品已经进入审核程序。大数据指数基金已经成为国内金融创新领域的热点之一。

之所以称为"大数据指数基金"，是因为这些指数基金的选股方式不再是传统的金融数据分析。相反，它们独辟蹊径地运用了互联网公司提供的非结构化数据，将媒体资讯、投资者情绪、消费者行为、网络搜索行为等信息纳入考量范围，以追求更加全面、准确地捕捉市场动态，优化股指成分，进而取得更好的投资表现。随着创新的不断推进，这些指数所采用的大数据来源也日新月异。

如果从数据的关注角度来划分，国内目前的大数据指数基金可以分为以下3类。

第一类主要关注消费者行为。其非结构化数据主要来源于消费支付的服务商，可以细分为线上消费和线下消费2种类型。例如，博时基金推出的"中证淘金大数据100指数"主要依托于蚂蚁金服的线上消费大数据平台。其中的交易数据信息对于把握行业发展程度、调整决策具有指导意义。而且通过大数据宏观板块优化、大数据个股量化评分等量化方法，挑选出最佳的100只股票，构成指数。

第二类主要关注网络信息和网民行为。其非结构化数据的提供方可以分为2种。一种是百度、奇虎360等中文搜索的行业先锋。另一种则是腾讯、新浪等财经资讯和网络社交的业务巨擘。

与前2类略有不同，第三类的关注范围更为专业化和精细化。其大数据来源更加集中于证券投资者这一特定人群，对该人群的投资意见进行汇总、分析和利用，形成"智慧众筹"，从而挖掘出有价值的投资决策。天弘基金的"中证雪球领先组合100指数"就是一个富有代表性的例子。借助雪球的数据库，指数开发人员先根据雪球用户的粉丝规模、投资历史业绩及活跃度进行评分，然后结合这些用户每月对个股的持仓比例和调仓幅度，对个股进行逐一评分。某只股票的持股用户评分越高、持仓比率越大、增持幅度越大，则该股的评分就越高。最后，评分最高的100只股票将成为股指的成分股。

由于其独树一帜的数据来源和选股方式，大数据指数基金形成了自己的独特优势。第一，非结构化数据的运用使得投资分析更加全面、深入。传统的证券研究方式主要依靠投研人员调研上市公司、获取财务数据来进行分析和决策。而在大数据的支持下，投资者情绪、市场资讯热点等非传统信息也加入了投资决策之中，从而加强了预测的合理性和准确性。第二，大数据指数基金调整灵活。大数据指数基金普遍换股快，个股投资比例小。因此，其调整周期较短，一般仅为1个月，能够更敏锐地捕捉市场的投资机会。基于这2点优势，目前国内的大数据指数基金都取得了较为稳健的投资业绩。

（三）大数据应用的挑战性与局限性

综上所述，大数据确实会对量化投资带来革命性的变化，能够使量化投资变得更科学、更准确。但是，我们也应该看到大数据应用的挑战性与局限性。概括来说，主要有以下几个方面的问题。

第一，非结构化数据不易于使用，开发成本较高。与成熟的结构化数据相比，非结构化数据的使用现在还处在初级阶段，很多技术不成熟，开发该类量化策略的初期投入非常大。而且，与高频交易不同，该方法在后期的系统维护方面还有一笔高额的开支，需要根据非结构化数据范围的改变不断调整策略与系统。目前，巨额的开发成本将很多机构投资者拒之门外。国外能够开发此类策略的也仅仅是几家顶级的大投行，在国内也仅有光大证券等少数几家公司开发出了该类交易系统。

第二，利用大数据的对冲交易可能会对虚假信息反应过度，导致市场的鲁莽行为。以往一些利用社交媒体提取情绪信息的原始交易算法无法利用小数据集进行预测，延缓了交易指令下达的速度。因此，最近的很多交易算法都致力于利用小数据集进行预测。例如，一旦有自然灾害或恐怖袭击等意外信息发布，就立即抛出订单。这样带来的一个非常严重的问题是，一个数据点出错就会引发"无厘头暴跌"，而能够引发它的灾难性事件未来未必会上演，由此导致市场的鲁莽行为。

第三，大数据的应用急需整体系统的优化与提高。一般来说，量化投资要想发挥其优势，必须首先具有一个合理的交易策略。其次，量化交易系统可以分为订单生成系统与订单执行系统。2个系统只有同步协调，并辅以同步风险控制，才能保证交易的顺利进行。

  由此可见，伴随大数据量化投资高收益的是新的风险，任何一个微小的失误都可能带来巨大的损失。因此，在利用大数据进行量化投资时，必须充分考虑其风险性，设计合理的风险控制程序加以规避。

第三章 数据挖掘技术在金融领域的应用

第一节 数据挖掘技术在金融领域的应用现状

一、数据挖掘技术的应用领域

数据挖掘是一门应用性很强的技术。数据挖掘的一般原理和算法与针对特定应用领域的数据挖掘算法系统之间存在一定的距离。在此通过几个具体的数据挖掘应用领域,介绍数据挖掘的核心思想及其在这些领域的应用模式。

(一)银行领域的数据挖掘

银行业是信息化建设比较早的行业,数据比较规范,为数据挖掘奠定了良好的基础。面向银行金融数据的分析主要有2个方面:一方面,银行是一个服务性行业,需要对客户提供储蓄、信用和投资等多方面的服务,需要对客户需求有比较深入、准确地了解。为了向客户提供个性化的服务与风险管理,需要对客户行为进行分析和挖掘;另一方面,银行又是对成本控制非常复杂的行业,需要对银行内部的数据进行分析与挖掘,以把握银行运行的状态,实现对银行科学化、精细化的管理,进而提高银行的管理水平。

目前,银行的服务模式和方式有了明显变化。通过与外部开展信息交换与共享,银行获取数据的能力在不断增强。在互联网等新兴业务的驱动下,数据挖掘技术的作用更加凸显。例如,在互联网与银行业务结合的领域,主要通过分析客户在线上的各种表现和行为,并结合客户在线下的各种信息来制定对客户的服务和管理策略,这也就特别需要通过数据挖掘技术来实现对客户行为的把控。

(二）证券领域的数据挖掘

证券行业也是数据挖掘技术应用的重要领域。通过对大量的证券和相关信息进行分析，可以有效地把握市场变化，提升证券产品的盈利水平。目前，针对证券市场数据的分析主要包括2个层面。

1. 对市场交易数据的分析

主要针对各种金融产品的价格、成交量、持仓量等属性随时间变化的规律进行分析，获取金融产品价格的变化模式，探索和预测价格变化的趋势，获取利润。

2. 对市场情绪的分析

证券产品的价格波动除了受其本身变化规律的驱动以外，很大程度上还受市场情绪的影响，而市场情绪有很多种表现形式，如交易所门口的自行车数量等。在互联网时代，网络是侦测市场情绪反应的一个很好的工具，通过对互联网数据的分析，运用情感分析等技术可以有效地掌握市场的情绪走向，如基于事件的行情预测等。

（三）电子商务领域的数据挖掘

电子商务领域是对数据挖掘非常依赖的行业。实现对客户的全面画像，研究合理的推荐策略，实现对客户的精准营销，是这个行业的主要盈利手段。因为电子商务领域的主要活动都是通过互联网开展的，所以可以较为完整地收集到客户的各种行为数据，包括客户浏览的网页、客户的朋友圈，以及客户发表及关注的文章、关注及购买的商品等。通过对这些数据进行分析，可以全面掌握客户的各方面信息，从而实现对客户的精准营销。这里面包含了大量的数据挖掘需求，需要解决很多技术问题。从数据类型上讲，电子商务领域包含大量的文本数据，所以需要对长的或短的文本数据进行文本分析，获取其主题等语义信息。在电子商务数据分析中还涉及大量的实体数据（如各种商品），为此需要使用实体识别、实体消歧、实体关联分析等技术。同时，由于在电子商务领域可以获得有关商品和客户海量的属性信息，所以还需要通过降维等技术来提取客户的准确描述。如今，电子商务和移动互联网技术紧密地结合在一起，引入了大量的位置、轨迹等空间数据，对位置和轨迹等空间对象的数据挖掘也成了电子商务数据挖掘的新内容。

随着行业的发展和精细化经营水平的提高，金融领域很多决策的制定对数据分析的依赖程度越来越高。数据挖掘技术已经成为金融领域的重要支撑技术之一，被应用于金融领域的各个业务环节。

二、数据挖掘技术在金融领域的应用现状

数据挖掘技术是金融领域重要的基础技术之一，原因有 2 个方面：第一，金融领域特别是银行业信息化水平比较高，当前大部分的银行已经建立了比较完整的信息系统，并积累了大量高质量的客户和交易数据，这为银行发展数据挖掘应用提供了良好的基础；第二，金融行业作为一个服务性行业，吸引并保持住高质量的客户是其发展的重要因素，而借助数据挖掘技术可以深度挖掘与分析客户的真正需求，从而提供合适的服务和恰当的产品。目前，国内外金融机构都投入了大量的人力和物力开展数据挖掘技术的研究和应用。

美国第一资本银行（Capital One）是大量应用数据挖掘技术推动业务发展的典型代表。例如，他们发现学生群体的潜在消费能力非常大，于是根据银行历史数据，打造了面向学生群体的产品，并向学生大力宣传，得到了学生群体的积极响应，很多学生不再像以前那样直接将信用卡宣传单扔进垃圾桶，而是提交了信用卡申请。另外，该银行还对不同类型的客户群体对信用卡年费和利率等因素的反馈数据进行了分析，制定了有针对性的个性化多级费率、利率等政策，发行了约 7000 种信用卡，有效提高了对客户的产品吸引力和客群质量。

美洲银行是另外一个典型案例，他们通过实施数据仓库系统，整合银行内部海量数据，并通过对这些数据进行有效分析，对不同客户制定针对性的政策，为客户提供更优质的服务，增强交叉销售的效果，优化市场营销的效率。

我国各大金融机构也逐步开始将数据仓库和数据挖掘系统建设作为其信息化建设的重要内容。例如，各大商业银行在核心信息系统建设比较成熟以后，纷纷将信息化建设重点转移到了数据仓库系统的建设上，通过建设数据仓库系统，有效整合了银行内部各个系统数据，一方面成为企业报表系统的支撑，另一方面也为企业数据的进一步分析和挖掘打下了更坚实的数据基础。

三、金融领域应用数据挖掘技术的基本表现

在数据挖掘技术产生以前，已经出现了很多数据分析的技术和工具。相比于其他技术，数据挖掘技术有 2 个方面的优势：一是数据挖掘技术将数据库技术与统计分析技术、机器学习技术相融合，提高了处理海量数据的能力，虽然传统的统计工具处理少量数据完全没有问题，但是其对银行信息系统中的海量数据就无

能为力了，需要利用数据挖掘技术进行分析；二是数据挖掘技术相比其他数据分析技术而言，其可解释性和可理解性比较好，借助可视化工具的帮助，用户可以比较方便地看到数据中蕴含的知识，从而提高数据分析的效率。

现阶段，数据挖掘技术在我国银行业中得到了全方位的应用，下面就风险管理和客户关系管理领域进行说明。

第一，风险管理是数据挖掘技术应用于银行业务的一个代表，其应用具体表现在以下几个方面。

一是建立信用评级。银行可以通过对已有客户的信息数据进行挖掘分析，建立信用评分模型，用于评估贷款申请人的潜在风险，用于信贷审批和额度核定等方面。

二是识别欺诈行为。银行可以根据客户的历史交易记录，建立交易欺诈模型并用于评价客户交易行为。如果客户的交易行为同其历史的交易方式有很大的不同，则需要予以关注并进行处理。另外，还可以利用数据挖掘中的孤立点分析发现客户不同寻常的行为，采取相关措施。

三是建立贷款偿还预测模型。数据挖掘技术可以帮助银行对贷款率、贷款期限、负债率、偿还与收入比率、客户收入水平、受教育水平、信用历史等贷款因素进行分析，建立贷款偿还的预测模型，从而根据客户不同的行为类型制定相应的业务策略，在风险和收益之间找到一个有效的平衡点。

四是帮助银行对洗黑钱和其他金融犯罪进行侦测。银行可以针对银行账号之间的交易行为，建立银行账号之间的关联网络，对资金在网络中不同节点之间的流动模式进行分析，并借助各种可视化工具，发现其中的异常行为，或者对各种犯罪行为的行为模式进行建模，然后再将账号关联网络和这些模式进行匹配，为办案人员提供线索。

第二，客户关系管理吸引并保持住高质量的客户是企业盈利的基础。因此，从客户的获取方面及个性化服务等方面都有很多数据挖掘的现实需求。

一是获取客户。首先，银行需要分析其客户的构成和不同类型客户的表现情况。例如，通过客户的年龄、职业、收入、居住地址等自身属性信息，以及客户存款金额、现金流动情况等行为信息，通过聚类技术对其优质客户进行分组，理解其优质客户的构成。其次，借助来自社会调查的数据或政府的人口数据，对银行周边的人群结构和经济情况进行分析，构建吸引客户的投入/收益模型，设计产品或确定广告发放方式,以及营销活动的开展地点和方式,吸引与已有优质客户属性相类似的新客户,获取更有价值的客户群。

二是个性化的客户服务。不同类型客户需要不同的服务,因此需要为客户提供优质和个性化的服务,以提升客户的黏性。为此,银行可以利用聚类技术,根据客户的个人资料和客户在银行的交易行为对客户进行分群,针对每个客户群的特点制定相应的产品及服务。例如,对高收益、高成长客户进行激励服务,可以有效提高该类客户的忠诚度。

三是客户挽留。流失客户的预测及根据预测结果进行挽留是留存客户的主要手段。银行利用已流失客户在流失前一段时间内的行为变化模式,通过频繁模式、聚类等数据挖掘方法进行计算,建立客户流失预警模型,通过基于自动机的模式匹配技术对数据进行匹配,获得流失倾向高的客户名单,银行据此对这些客户进行关怀,采取针对性的措施留住客户。

四、数据挖掘技术在金融业务分析中的重要作用

数据挖掘技术在金融业务分析中发挥着 2 个方面的作用:通过整合与分析现有业务数据,理解业务和客户的基本情况;通过数据模型,预测和协助业务发展。

（一）基于数据挖掘的金融数据理解

金融企业的客户情况均分散并隐含在金融企业的各种信息系统中,其数据是异构和分离的,信息也是分散和隐含的。因此,金融数据挖掘的第一个任务是对数据进行整合,构建数据仓库系统,将分散在不同信息系统中的数据集中在一起,并以通用的模式进行存储和组织。第二个任务是对现有的数据进行分析,提取其蕴含的信息。主要有 2 种方式,一种是通过数据仓库上的 OLAP 分析对数据进行多维度组合的统计计算。例如,对一个银行客户而言,描述其自身属性和行为属性加在一起可能有几百个,进入大数据时代后相关的属性就更多了,由于维度灾难的问题,数据对象的分布趋向于均匀,所以难以找到其中的分布特征。银行的分析人员可以根据自身的行业经验,通过数据分析技术对顾客的居住区域、收入情况和银行的行为状态进行统计分析,也可以将顾客的工作单位、婚姻状态和在银行的行为进行统计查询。通过 OLAP 技术,分析人员可以很方便地从不同角度进行客户统计,找到客户的分布特点及不同的客户表现。另一种方式是对数据进行关联关系挖掘和聚类分析,获取数据之间的关联情况和数据的分布情况,从而

可以获取数据中蕴含的信息。例如，可以对客户的收入、存款总额、行业等数据，通过 K-means 聚类方法，将客户分成 k 个组，通过分析 k 个组客户的行为表现，深入了解企业客户的构成，并针对不同的客户群制定不同的营销策略。

（二）金融业务分析预测

对产品或客户行为趋势变化的预测是数据挖掘技术在金融领域的另一个重要作用。预测操作是通过对现有数据进行学习，形成预测模型，并将该模型在新的客户上进行打分以预测其行为表现。例如，在信用卡审核过程中，银行可以利用现有的信用卡客户的风险和收益表现，借助决策树、神经网络、贝叶斯网络等分类算法建立信用卡客户级别的风险和收益预测模型，这样，在新的信用卡客户申请信用卡的时候，就可以利用信用卡客户级别的预测模型对其未来行为进行预测。

在预测模型中也可以包含时间属性，即时间序列挖掘，其典型应用是股票、期货等金融产品价格走势的预测。在股票价格模型中除了要考虑股票企业的各种基本信息外，还要考虑价格和成交量序列的变化特征，如与价格变化时间的前后关联模式、近期不同时间粒度上价格变化的斜率、一定时间内成交量的突变事件等，将这些与时间相关的特征数据放在一起，利用关联模式、隐马尔可夫模型序列分析等技术训练相应的预测模型，预测价格未来走势。

五、金融数据挖掘的基本步骤

总体上看，数据挖掘任务的完成过程包括以下步骤。

第一，定义分析目标在这一步骤中主要根据企业的需求，确定分析目标，通过与企业各个部门进行沟通，逐步明确分析的任务和预期达到的效果。了解企业中与该分析目标相关的所有数据及其来源，初步确定候选的数据挖掘模型。

第二，数据分析在这一步骤中，主要完成以下 2 项工作：一是设计建立模型时所需的数据，通过分析模型的目标，结合分析人员的业务经验，取得分析目标的主要业务要素，并根据企业的数据积累情况和获取能力，明确任务中所需的数据和数据之间的替换关系。二是设计数据的构造方式，根据企业的各种信息系统情况和外部数据的获取途径，设计数据的组成方案，进而对数据的内容、分布和质量进行初步评估和分析，了解数据的基本状态。

第三，数据准备这一步骤主要基于企业数据仓库系统、相关的信息系统和外部数据源，对挖掘所需的数据进行准备（包括数据的抽取、采样和转换，针对错误数据和缺失数据的修正，数据的归一化处理），形成用于挖掘的数据集。

第四，建立模型在这一步骤中将基于准备好的数据，学习与训练相关的数据挖掘模型。为了获得好的数据挖掘结果，需要不断调整数据挖掘模型的各种参数，以在测试集上取得好的分析和预测效果。对于聚类分析这种以数据描述为主的分析方法，其分析结果往往用于制定相关业务系统的指标体系（如风险评估指标、财务评估指标等）。对于分类这种以预测为主的分析方法，其分析结果本身就是一种预测模型。

第五，结果评估基于前面训练阶段的数据挖掘模型，在更接近实际的数据上，或者直接在生产数据集上进行分析和预测，对挖掘的结果进行统计指标和业务可解释性方面的评估。目前，主流的数据挖掘算法均有可理解性较好的特点，如果分析结果能够反映业务的内在逻辑，则表明该模型把握了数据的核心语义，这样的模型具有更好的强壮性和更广泛的适用性。如果发现大量的分析结果难以理解，则需要使用OLAP等工具对数据进行更细粒度的分析，找到其中的原因，并重新从数据准备阶段开始新一轮的挖掘。这一步骤是数据挖掘过程中的一个非常重要的阶段，也往往是最容易被忽视的步骤，很多分析人员得到一个结果后就认为挖掘的过程结束了。

第六，部署模型和实施模型产生以后，将被应用于生产系统中，为此需要将模型部署到相关的信息系统中。模型开始运行以后还需要对模型的准确性和可靠性进行监控。一般每一个模型都有一定的适用范围，如果数据的情况发生了变化，则模型的准确性也会受到影响，为此需要及时追踪和调整模型。

第二节 数据挖掘技术在银行信用风险管理中的应用

一、银行风险管理的基本理论

（一）银行风险管理的界定

风险与银行业相伴相生，在银行业的发展中必然会面临一定的风险。与其他行业相比，银行风险具有独特的特点，主要表现为：一是自有资本占全部资金来源的比重很低；二是银行的经营对象是货币，并且是有特殊信用创造功能的货币；

三是银行是市场经济的中枢,其风险会对外部环境造成巨大的负面效应。对此,银行需要具备比一般企业更强大的风险管理能力,做到及时发现、防御、控制和转移风险,以实现稳健运营,并为市场经济秩序的维护提供支撑力量,促进国家发展和社会进步。

银行风险管理的目标是通过控制风险来防止和减少损失,保障银行经营正常进行。然而,随着多次世界性金融危机的爆发,银行业风险逐渐呈现新的特点,即损失不再由单一风险造成,而由包括信用风险在内的多种风险联合造成。自此,银行全面风险管理模式开始引起人们的重视。这种管理模式要求将各种风险及包含这些风险的金融资产与资产组合纳入统一的体系中,然后进行测量和加总,同时依据全部业务的相关性对风险进行控制和管理。

(二) 银行风险管理的类型

总体上看,银行风险主要包括信用风险、市场风险、操作风险、流动性风险、国家风险、声誉风险、法律风险、战略风险八大类风险,在此主要介绍前4类。

1. 信用风险

从广义上讲,信用风险不但包括信贷风险,而且包括存在于证券投资、金融衍生工具等其他业务的风险。其中,信贷风险是商业银行的传统风险和主要风险。因此,从狭义上讲,商业银行的信用风险通常可称为信贷风险。本节介绍的银行信用风险即是指信贷风险。信用风险是指银行在放款后,借款人不能按约偿还贷款的可能性,因而信用风险同时也被称为违约风险。

2. 市场风险

市场风险是指因市场价格的不利变动而使银行的内外业务发生损失的风险。

3. 操作风险

操作风险是指由程序、人员及系统或外部事件造成损失的风险,它存在于银行业务和管理的各个方面。

4. 流动性风险

流动性风险是指银行无法提供充足资金应付资产的增加或履行到期义务的风险。

(三) 信用风险管理

1. 银行信用风险管理的基本理论

在上述几类典型的银行风险中，信用风险是其中最主要、最复杂的风险种类，因此，对信用风险的管理是现代商业银行经营管理的中心环节。

信用风险产生的原因及特点具体表现在以下几个方面。

第一，银行获取客户信息的不完全性。企业或个人申请贷款时，其财务状况、经营状况等信息对银行来说是不完全信息。银行只能通过客户所提交的各种资料、报表和其他途径间接获取信息，而这种信息的不完全性可能会是未来的风险隐患。

第二，信用风险具有非系统特性。贷款企业或个人的还款能力虽然会受到整体经济大环境的影响，但是大多数情况下取决于其自身财务状况、经营的好坏及还款意愿等个体因素。

第三，信用风险收益率呈非正态分布，在大多数情况下贷款能够顺利收回，此时银行可以得到一定的利息收入，但是当坏账的小概率事件发生时，银行将损失整个本息。

2. 信用评级

信用评级对于维护市场秩序、促进经济平稳发展意义重大，信用方面的风险是银行需要承担的主要风险。因此，为有效减少信用风险的发生，银行需要对客户的信用进行及时、准确地评级，为贷款的审批提供指导。信用评分模型运用先进的数据挖掘技术和统计分析方法，通过对申请贷款的企业或个人客户的数据信息进行统计分析，挖掘客户特征与信用风险之间的关系，在此基础上建立预测模型，以综合评分来评估客户未来的某种信用表现。不仅在银行业，信用评分模型也已成为保险公司、电信公司、消费信贷公司等评估的企业的核心管理技术之一。

一般而言，信用评级主要有 2 种模式：一种是由第三方专业机构提供，并给出相应信用统计信息的外部信用评级；另一种是由银行或者企业根据内部数据开发的内部信用评级。

(1) 外部信用评级。外部评级通常由专业评估信用风险的信用评级机构进行。著名的国际评级机构有穆迪公司、标准普尔公司和惠誉国际公司。

(2) 内部信用评级。内部信用评级是指银行建立自己的内部风险评估机制，运用内部评级系统决定对资本的需求，以及应用于实际的风险管理过程中。从国际知名银行的风险管理方式来看，内部信用评级在信用风险管理中的作用正在日益增强。银行通过建立自己的内部评级体系，实现信用风险管理的定量化与精细化，使风险管理更加有效。

信用评级体系中的主要因素是违约概率，评级方式主要有2种：一种是基于历史条件进行周期性的评级，专业评级机构通常采用这种方法进行评级；另一种是根据当前信息进行评级。其中，第二种评级方式更为常用。

3. 信用评级调整

在实际风险管理中，信用评级并不是一成不变的，而需要对信用评级进行调整。评级调整的原因多种多样，从广义上来说，可能与经济或商业环境的整体转变有关，从狭义来说，可能与影响一个行业、实体及单个债务的环境有关。

4. 审批管理

信贷审批是信贷风险控制中最重要的一环，它是指银行根据信用评分模型对客户信用评级的结果，来确定不同风险层级客户的信贷审批结果，借此规避信用风险，如银行贷款审批及信用卡发放等。

二、申请风险评分模型的开发与应用

（一）申请风险评分模型的基本理论

申请风险评分模型是现代银行个人信贷审批的主要工具之一，是通过申请人的申请资料及外部获取的信息来预测其未来发生违约或严重坏账的概率的模型。通常情况下，申请人的申请资料信息包含年龄、性别、学历、职业、收入、婚姻状况等，从外部获取的信息包含中国人民银行征信的信息、公安系统的查询信息等。随着银行科技能力的进步，其对外部数据的整合挖掘能力也越来越强大，信息数据处理逐渐实现了集中化管理，这为风险管理的模型化和智能化提供了基础保障。

申请风险评分模型在个人信贷审批管理中有着非常重要的作用，主要表现为以下几点。

一是科学客观地反映申请人的风险状况。通过评分来管理信贷审批通过与否，所以能大幅消除审核过程中的人为因素，为信贷审批提供科学客观的评价标准。

二是控制成本的投入。不合格的申请人被快速拒绝，评分高的申请人可快速通过，银行便可预留时间来处理中间客户，加快审批进度。

三是科学地组织一系列实验，不断优化评分模型，改进审批策略。银行可以根据风险评分分布表中的分数与坏账概率、申请审批等指标之间的关系来制定信贷政策，并可以设置多个参照组与评分组来进行实际风险情况比对，以不断优化评分模型，改进审批策略。

四是有利于科学分配额度资源。申请人被批准后，可以根据其预测风险的高低来确定其信贷额度的高低。对于预测风险较低的客户给予较高的信用额度，对于预测风险较高的客户给予相对较低的信用额度，以优化额度配置管理。

(二) 申请风险评分模型的开发

评分模型的开发通常需要经过商业目标的转化、数据的收集和清洗、变量的选择、模型的开发、模型的评估等几个步骤。在此以申请风险评分模型的开发为例，对模型的开发步骤进行介绍。

1. 预测目标的设立

在开发申请风险评分模型时，首先需要确立预测目标，基本上遵循以下原则：一是利于决策的一致性，减少人工干预，提高信贷政策的执行力；二是准确量化客户风险级别，科学管理风险，从而控制和减少信贷损失；三是提高市场竞争力，在控制可接受风险水平的情况下争取更多优质客户，有效地提高市场占有率；四是申请客户质量的有效监控；五是实现审批流程自动化或者半自动化，减少运营成本。

根据各个业务数据存储历史和账户风险暴露时间的不同，预测目标的定义也有所差异，主要表现在账户表现期长短和账户好坏区分方面。若表现期过短，则账户的拖欠行为还没有表现充分；若表现期过长，则可能导致信用表现与申请信息之间的联系比较弱。例如，对于信用卡而言表现期一般为 6~18 个月，对于住房贷款而言则长达 24~36 个月。好坏账户的区分需要综合考虑业务目标、风控策略、催收策略、业务历史等因素。通常情况下，对数据有足够表现期的银行而言，可定义 3 期及以上出现破产的账户为"坏账户"，未拖欠或 1 期拖欠的账户为"好账户"，对于 2 期拖欠的账户则定义为不确定账户，排除在开发模型之外。

2. 数据的收集与清洗

由于可供模型开发使用的数据往往来自不同的数据系统，并且各个系统中的数据存储结构可能存在很大的不同，所以在建立数据模型之前需要收集和清洗不同系统或数据库中的数据。

(1) 数据的收集。首先要确定数据来源，如中国人民银行征信系统、商业银行内部核心系统数据库、其他相关业务系统等,还需要选择样本空间,如好账户样本空间、坏账户样本空间、被拒绝账户样本空间等。

(2)数据的清洗。数据的清洗是开发申请评分模型过程中最为重要的步骤之一,数据质量的好坏对模型能否成功应用起到至关重要的作用。

3. 变量的选择及变量间的组合优化

变量的选择及变量间的组合优化对模型预测能力的高低具有决定性作用,是开发评分模型中极为重要的环节。变量的选择及变量间的组合优化主要依靠分析人员的直觉、长期经验的积累和数据挖掘技术的应用。

(1)变量的选择。在评分模型的开发过程中,从工程的角度,需要确定输入变量、输出变量、数学模型等关键因素;从银行实务的角度,最重要的是从用户数据中提取出一批有效的预测变量作为模型的输入,以用户申请表的信息为例,通常可以提取出能够反映用户还款能力、还款意愿、稳定性方面的预测变量。

①还款能力:还款能力越高,信用风险越小。反映还款能力的预测变量包括房产状况、学历高低、职业类别等。一般而言,有房产的申请者的信用风险要比没有房产的申请者小,收入高、学历高的申请者还款能力较强,信用风险也相对较低。

②还款意愿:还款意愿越强,信用风险越小。反映还款意愿的预测变量有性别、婚姻状况等。有统计表明,一般而言,女性的还款意愿要高于男性,这与女性的心理特征有关;另外,已婚申请者的还款意愿也高于未婚者。

③稳定性:稳定性越强,信用风险越小。反映稳定性的预测变量通常包括申请者在现工作单位的工作时间、在现居住地的居住时间等。一般而言,申请者在现工作单位的工作时间越长,稳定性越强,信用风险就越小;同理,在现居住地的时间越长,稳定性也越强。

(2)变量间的组合优化。通常,每个变量都有一定的预测能力,而在许多情况下,某些变量的预测能力会有一定的互补,对它们进行合理的组合将有助于模型整体预测性能的提升,而对于彼此间相关性强、互补性弱的变量则可以剔除以简化模型输入。

可借助决策树、双变量分析、变量聚类等数据挖掘方法,从自变量中筛选出预测能力较强的部分变量,然后对它们进行优化组合,以发挥彼此间的互补作用,使模型的预测性能达到最优。

4. 模型的开发

通过目标确定、变量清洗等步骤之后,需要从一批候选预测变量中用数理统计方法选择若干变量作为模型的输入变量,选用合适的数学模型方法进行建模。模型输出评分的高低反映了信用卡申请者信用风险的大小,评分越高,信用风险就越小,反之亦然。通常的模型输出结果有初始评分卡和最终评分卡。

(1) 初始评分卡。基于回归模型的应用,一般通过概率与分数之间的转换算法把概率转换成分数,由此得到初始评分卡。

(2) 最终评分卡。为减少偏差,通常还要对初始评分卡进行拒绝推论,以防止信用评分模型的有效性降低。在进行拒绝推论时,可利用初始评分卡对被拒绝的申请客户进行评分,从而得出每个被拒绝客户被审批成为好客户或者坏客户的概率,再按其权重放入模型样本中,以减少样本的偏差,同时兼顾拒绝样本的不确定性,然后重新对每个变量进行分组,并对二次分组形成的数据集再次建立逻辑回归模型,通过概率与分数之间的转换算法把概率转换成分数,由此获得最终评分卡。

5. 对模型预测能力和稳定性的评估

在模型建立后,需要对模型的预测能力、稳定性进行评估,然后才能在实际业务中对其进行应用。申请评分模型的检验方法和标准通常有 K-S 指标、提升度、ROC 曲线等。

(1) K-S 指标。K-S 指标用于衡量目标客户与非目标客户累计分布比例之间的距离。目标客户与非目标客户之间的距离越大,K-S 指标值就会越高,说明模型的区分能力越强。对于申请风险评分模型而言,一般认为30%以上是可以接受的,加入了征信信息后,这个指标会达到35%以上。

(2) 提升度。提升度指的是模型按照10等分分段后,每个分段较平均水平的提升程度。提升度越高,说明模型的提升能力越强。

(3) ROC 曲线。ROC 曲线是检验模型区分目标客户与非目标客户能力的常用工具,用于评价分类模型的表现能力。

通过统计方法在一定程度上可以给予评分模型较合理的评估。通常情况下,一个好的评分模型应该具有的特点为:模型所选变量与业务紧密度较高,具有良好的可解释性;所选变量的预测力比较均衡,不会出现一个变量主导整个模型的情况;模型中的入选变量以 8~15 个为最佳;模型入选变量的稳健性较强,不会出现随着时间的推移产生较大的分布变化。

(三) 申请风险评分模型的应用

1. 申请风险评分模型应用的基本理论

在实际应用中,申请风险评分模型可以应用在客户申请的审批、授信额度的核定2个方面。其中，对于授信额度的核定，在批准申请人的信贷申请后，可进一步根据评分高低来确定其信用额度。信用额度和信用卡风险之间成正比关系：信用额度越高，潜在风险就越大，但同时客户使用信用卡的积极性提高，信用卡的收益潜力也变大，反之亦然。授信额度的准确核定是指尽量在收益和风险之间取得平衡。申请评分模型为预测申请客户的潜在风险提供了有效的计量工具，从而优化了额度核定政策。

2. 申请风险评分模型应用实例

在申请风险评分模型的实践方面，我国一些商业银行已经积累了一些经验。在此以某商业银行为例，从实际操作入手，阐述申请风险评分模型的应用。

在申请评分卡开发完成后，为在申请审批业务中加以运用，还应制定申请风险评分审批策略。申请风险评分审批策略通常会结合特定的业务目标及可接受的风险水平来确定高、低分界线，对于评分超出高分界线的客户（违约概率低）实施高分自动通过，对于评分低于低分界线的客户（违约概率高）实施低分自动拒绝，对于中间区域的申请人则留给有经验的审核员做进一步的审查。申请风险评分审批策略如图3-2-1所示。

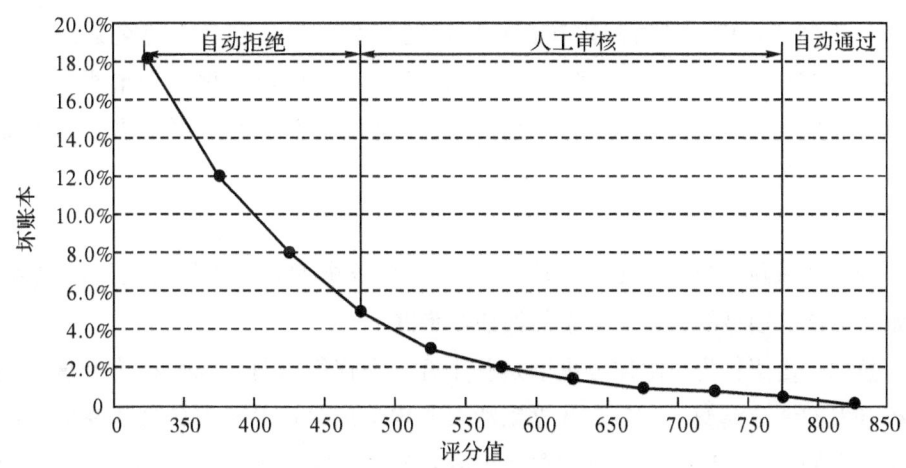

图3-2-1　申请风险评分审批策略

申请风险评分模型在审批中的应用也常常考虑与其他因素的结合，如将商业银行自身的申请风险评分与征信局风险评分结合，形成二维决策矩阵辅助审批，见表3-2-1。

表 3-2-1　二维决策矩阵辅助审批

征信局风险评分	商业银行内部申请风险评分					
	评分段1	评分段2	评分段3	评分段4	评分段5	评分段6
评分段1	■	■	■	■		
评分段2	■	■	■	■		
评分段3	■	■	■			
评分段4	■	■				
评分段5	■					

注：评分段1~6的风险评分依次提升，即风险依次减小。决策矩阵中的黑色框实施低分拒绝，灰色框实施高分通过。

三、行为风险评分模型的开发与应用

（一）行为风险评分模型的基本理论

行为风险评分模型通过对消费信贷客户历史数据的分析来判断客户未来信用好坏的概率，被广泛应用于信用卡风险管理的各个环节。由于行为风险评分模型根据客户账户历史上所表现出的行为特征来进行风险预测，因此其数据通常来源于客户开户一定时间内在银行内部的行为信息。在尚未完全建成征信体系的国家或地区，行为风险评分模型对银行信贷的科学管理尤为重要。即使在征信体系发达的国家，行为风险评分模型也是账户管理的重要工具，与外部模型具有互补性。

（二）行为风险评分模型的开发

与申请风险评分模型相同的是，行为风险评分模型的开发同样需要设定目标、变量的清洗、模型的验证、模型的评估等步骤。

然而，由于行为风险评分模型是基于客户在银行已有的消费行为和属性信息进行开发的评分模型，所以其数据来源会与申请风险评分模型的数据来源有很大的不同。例如，其数据来源于客户开户后的各种交易行为、欠款信息、还款信息，具体来说，主要包含以下数据元素：开户时间、信用额度、账户状态、信贷余额、最低应付款、还款额、退货、消费额、提现额、逾期期数等。

（三）行为风险评分模型的应用

行为风险评分模型的应用领域包含额度的调整、客户的保留、交叉销售等方面，在此以某银行的额度调整应用为例进行介绍。该银行根据行为风险评分对应的风险程度，结合客户其他特征对客户实行分段管理，具体措施为以下方面。

（1）对低分段采取止付、降额等措施提前防范风险，降低可能发生的坏账损失，如图 3-2-2 所示。

（2）对高分段采取提额等措施促进消费增长，可进一步根据风险和收益确定调升幅度，见表 3-2-2。

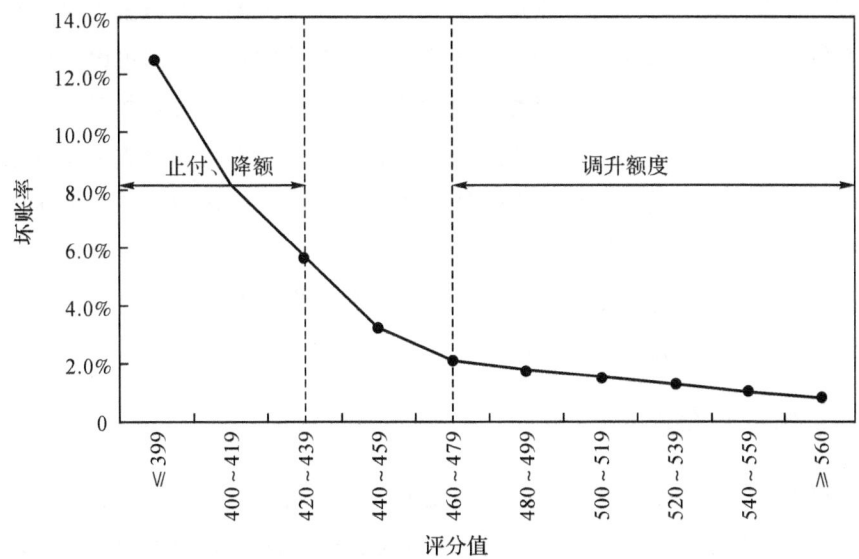

图 3-2-2　行为风险评分模型的分段管理

表 3-2-2　行为风险评分管理

客户收益分层	行为风险评分		
	460~499	500~539	≥540
	调升幅度		
低价值	5%	10%	15%
中等价值	10%	15%	20%
高价值	15%	20%	25%

第三节　数据挖掘技术在客户管理关系中的应用

在以客户为中心的竞争环境中，客户被视为企业最重要的资源。如何获取更多新客户及保持现有客户对企业来说至关重要。在今天的金融服务业中，企业之间的竞争重点逐渐转移到对终端客户的争夺上，企业的经营管理也由"以产品为中心"向"以客户为中心"的新型商业模式转移。因此，对客户关系进行有效管理对于企业而言十分重要，客户关系管理也应运而生。随着客户关系管理系统的广泛应用，以及数据采集和数据存储技术的迅速发展，企业中积累的关于客户的数据也越来越多。在大规模的数据中，往往潜藏着有价值的信息。利用数据挖掘技术，企业在获取并分析相关数据的基础上把握客户偏好与需求，从而有针对性地提供金融产品，优化客户的消费体验，以更好地吸引和维护客户。

一、客户生命周期管理

客户生命周期是指从客户开始对企业进行了解或企业欲对某一客户进行开发开始，到客户与企业的业务关系完全终止且与之相关的事宜处理完成的这段时间。一个完整的客户生命周期通常包括开始、发展、成熟、死亡4个阶段。对于处于不同阶段的客户而言，无论是其行为特征还是所产生的价值，都具有差异性，不同阶段驱动客户关系发展的因素也是不同的，因此，客户关系具有明显的周期性特征。总体上看，客户生命周期可划分为四大阶段——考察期、形成期、稳定期和退化期。

①考察期。该阶段是客户关系的摸索阶段，企业需要考察客户的潜在价值，以及降低信息的不对称性和不确定性。

②形成期。该阶段是客户关系的形成阶段，随着客户对企业的了解程度和信任程度的加深，客户与企业之间的交易往来会更加频繁。

③稳定期。该阶段客户与企业之间的关系达到一种相对稳定的状态，双方的交易次数及信任程度都会在该阶段达到整个生命周期的最高点。

④退化期。该阶段是客户关系开始下降的阶段，双方交易量下降，甚至可能终止相互之间的关系。

(一)潜在客户的获取

潜在客户的获取是企业通过广告、口碑或者有针对性的营销活动吸引潜在客户,并把他们转化为企业客户的过程。企业需要在有限的营销预算下发现有价值的客户,并将营销信息有针对性地发送给合适的受众。在获取潜在客户时,企业会面临寻找潜在客户、识别潜在客户、获取潜在客户等问题。

1. 寻找潜在客户

获取客户活动是面向目标客户开展的市场营销活动,目的是找到对企业某种产品或服务感兴趣且有条件成为企业客户,能为企业带来价值,不太可能带来风险,可能会成为忠诚客户的人。因此,企业在获取目标客户之前必须对好的潜在客户有一个明确的定义,如高响应率客户、高价值客户、低风险客户、高忠诚度客户等。在客户生命周期的考察期里,企业通常还没有掌握潜在客户的交易数据,因此,在大多数情况下,企业需要使用现有客户历史数据来了解潜在客户特征,通过数据挖掘技术来寻找与以前活动响应相当或者与当前高收益客户特征相类似的客户群体。

利用数据挖掘技术获取优质潜在客户,对提升企业收益、降低企业成本具有重要作用。一方面,通过精准定位高价值目标客户,在相同的资源、成本投入下,能获取更大的利润;另一方面,从成本角度考虑,无论是通过广告、短信、电话等营销渠道与目标客户建立联系,还是通过各种营销礼品吸引客户,企业都需要投入较大的营销费用,因此,企业需要考虑如何在最少的成本投入下获取最大的效益。

2. 识别潜在客户

在识别潜在客户的过程中,数据挖掘技术起到了非常重要的作用。回归模型、决策树和神经网络均可用于潜在客户的识别。企业可根据不同的应用场景,选择不同的建模技术。

(1)回归模型:通常使用逻辑回归模型,可将好的潜在客户定义为1,其他客户定义为0,建立潜在客户响应评分模型,预测客户响应概率,最后根据评分的高低,选择评分排名靠前的客户开展营销。通常这种数据挖掘技术用于已获取到一批个人客户名单信息,并通过电话或短信开展营销的情况。

(2)决策树:通过建立规则将客户进行分类,直观地体现客户属性和客户对象之间的关系,易于市场营销人员理解和应用。

(3) 神经网络：属于人工智能范畴，先通过训练数据，建立神经网络模型，再测试新数据。相比回归模型和决策树，神经网络的最大区别就是具有自组织映射的特点，它就像一种有学习能力的类似人脑活动的技术。对于没有训练过的样本，神经网络模型有很好的预测能力和控制能力，特别是当存在一些有噪声的样本时，神经网络具备很好的预测能力。

潜在客户识别过程主要分以下几步。

(1) 好的潜在目标客户的定义：可以是之前类似营销结果中的响应客户，也可以是现有客户中的高价值或低风险客户，这需要根据企业实际应用场景而定。

(2) 客户信息的收集：客户信息包括地理信息、人口统计信息、行为信息、征信信息等。但需要注意的是，选择的客户信息要与潜在客户可获取的信息保持一致，否则模型将无法应用于潜在客户的评分。例如，在指导一线营销人员推广信用卡潜在高收益客户时，若将客户征信信息考虑在模型策略中，则会由于销售人员无法获知客户征信信息，而使该策略无法应用。

(3) 潜在客户识别模型的建立：首先根据应用场景选择一个或多个预测模型，然后分别寻找这些好的潜在客户与客户特征之间的联系，建立识别规则。若使用多个模型，则选择其中一个效果最优的模型，然后对潜在客户进行模型评分，评分值越高，代表潜在客户中好客户的比例越高。当潜在客户定义为多个目标时（如要求潜在客户具有较高响应率且较高客户价值时），就需要在模型建立时建立多个目标的预测模型，最后综合这些模型，识别出多目标潜在客户。

3. 获取潜在客户

通过历史数据识别出潜在目标客户后，企业需要确定相应的营销渠道及合适的营销内容，向潜在客户进行营销。不同的营销渠道及不同的营销内容都有可能造成客户不同的响应率，直接影响着潜在客户的获取。

(1) 营销渠道。通常包括媒体、电话、电子邮件、短信等，可尝试利用多个渠道进行实验测试，选择一个响应率最优的渠道开展大规模营销。媒体营销主要通过线下广告和线上广告介绍公司的产品与服务，并通过口碑传播正面的消息。虽然这种方法涉及面广，但是该营销渠道较难反映实际的营销效果。电话营销渠道在营销潜在客户时较为直接，但该渠道需要投入较高的人力成本，在营销收益无法覆盖其成本时，建议谨慎使用。其他如电子邮件、微信等营销渠道，成本较低，但营销效果一般不如电话渠道。

(2) 营销内容。营销内容是否吸引客户，对潜在客户的获取同样起到很关键的作用。例如，赠送什么礼品、满额送还是抽奖送、使用什么营销话术都会影响潜在客户获取的效果。因此，在营销内容设计时，需要深入分析潜在客户的特点及需求，有针对性地制定营销方案。若有条件，则可在大规模营销前，通过设计不同的营销内容，进行小规模测试，根据测试结果，选择合适的营销内容。

(二) 现有客户的经营

随着客户关系的发展，企业和客户之间的关系逐渐进入形成期和稳定期。在形成期，企业需要使用一些营销手段来促进客户消费，同时提高客户对企业的忠诚度；在稳定期，企业需要更好地了解客户需求，为他们提供更好的产品和服务，提升客户价值。由于企业已拥有了现有客户的个人行为数据，这些数据都可用来预测客户需求，评估价值及风险，因此数据挖掘技术在现有客户经营上能发挥更大的作用。

1. 交叉销售与追加销售

对于现有客户，客户关系管理一个主要的关注点是通过交叉销售和追加销售来提升客户收益率。

(1) 交叉销售。通过向现有客户销售额外的产品或者服务，从而挖掘更多的客户价值。交叉销售并非新概念，很多金融机构都在不同程度上利用交叉销售的思路来推销产品。以美国富国银行为例，该银行从组织架构、产品开发、技术及员工奖励上都以交叉销售为中心，建立起行之有效的系统和制度，客户平均接受该银行4.8项金融服务。这种交叉销售模式大大提高了该银行对客户资源的利用能力，实现了效益的最大化。

(2) 追加销售。在原有产品或者服务的基础上，向客户销售更高级的或者附加的产品或服务。在金融行业，追加销售也被广泛应用，如银行将一个优质信用卡普卡用户升级成为金卡用户，一方面提高了银行收益，另一方面也提高了客户对于银行的黏性。

2. 数据挖掘技术的应用

在交叉销售和追加销售中，数据挖掘技术主要用于解决对谁提供什么产品或服务及什么时候提供等问题，使用的数据挖掘方法包括响应模型、关联规则及序列模式分析。

(1) 响应模型。响应模型是现有客户经营中交叉销售和追加销售最常用的一种模型，用于找出营销客户中响应概率最高的一群客户。例如，银行可以通过对信用卡某项业务的客户进行深入分析挖掘，建立预测响应模型，从而根据一系列特定行为和属性的组合，来判断在特定时间段内客户响应该业务推广的可能性。

(2) 关联规则。关联规则常用于交叉销售。例如，一家银行可能有几十个产品，包括信用卡、借记卡、抵押贷款、按揭贷款等，对于购买了某种产品的客户来说，他们很有可能对其他产品也非常感兴趣，这时就可以采用关联规则，发现产品与产品之间的关联，然后根据规则将多种产品进行搭售，也可以以特定的营销活动针对这些产品进行促销。构建关联规则的基本过程主要包括3个步骤：第一，基于业务出发，定义并获取历史关联产品的数据；第二，计算这些产品的概率值及感兴趣的组合和产品的联合概率值，并通过设置支持度或概率值的阈值来对规则进行限制，规则可以解释为"如果一个客户购买了产品A，那么该客户也会同时购买产品B"；第三，通过分析规则的概率，来确定哪些规则是正确的。

(3) 序列模式分析。序列模式分析是挖掘一段时间内出现频率较高的模式。序列模式分析与关联规则的构建过程类似：首先将客户购买的所有产品视为一个集合，并为每个产品指明其序列位置的时间戳，其次将同一时间的产品划分为一组，产品集包含产品及时间戳，最后制定序列规则。这些规则需要满足一定的条件，即规则左侧产品的出现时间要早于规则右侧产品的出现时间。通过序列模式分析，企业可以根据序列规则，设计相应的营销活动，为有需求的客户推荐更高等级的产品或服务，刺激客户进行再次购买。

(三) 流失客户的赢回

随着客户关系的发展，客户生命周期进入退化期，这时企业就会面临客户流失的问题。在这个阶段，如何定义流失、如何识别哪些客户流失、什么时候流失都是需要解决的问题，而数据挖掘技术在客户流失赢回上也发挥了重要的作用。

流失模型的建立。客户流失建模一般有2种方法：第一种是把流失看成二元响应变量，定义客户将要流失或者留下；第二种是估计客户剩余的生存周期。

(1) 预测谁会流失通常使用分类工具来建立模型，包括逻辑回归、决策树和神经网络等。通过描述某一时刻客户的历史行为数据来显示客户在某个后续时刻是否依然留下。这种模型通常根据客户离开的可能性对他们进行评分并排序。

(2) 预测客户保留多长时间。通常使用的方法是生存分析。其基本思想是利用随机过程模型计算到目前为止每个客户将在明天之前离开的可能性,输入变量可以是人口统计信息、信用等级、行为数据等,得到的结果是风险概率。风险概率回答的问题是假设客户已经存在了一段时间,即客户的持续期为 t,那么客户在 $t+1$ 之前离开的概率是多少。实际上,不同的客户在不同的时间点退出,因此风险计算时通常需要对每一个客户在每个时间点的状态进行标记。在任何时间点,客户可能存在 3 种不同的状态:活跃,这意味着客户和企业之间的关系还在持续;停止,这意味着客户在该时间点退出了;删减,这意味着这个时间点客户早已流失了,计算时不包括该客户。

二、客户细分分析

(一) 客户细分概述

在客户关系管理中,金融机构首先要做好客户细分工作,并在此基础上构建完善的客户服务体系,突出营销活动的针对性,以顺利达成营销目标。

(二) 客户细分的方法与技术

1. 客户细分方法

一般来说,客户细分的特征维度主要包括客户基本信息特征和客户行为特征。客户基本信息特征包含客户展现出来的外部特征,如人口统计学特征。行为特征则表现为客户的具体消费行为。

人口统计学特征作为一类较易获得的信息,其基本假设是风俗习惯、文化程度、经济状况等方面的不同,会导致客户的消费心理、消费习惯有较大的差异。

客户细分方法主要有人口统计学细分与行为细分 2 种,具体表现在维度特征、细分依据、方法论、细分目标四大方面,见表 3-3-1 所示。

表 3-3-1 客户细分方法的具体表现

因素方法	人口统计学细分	行为细分
维度特征	静态特征	行为特征
细分依据	人口信息	消费行为
方法论	事前细分	事后细分
细分目标	了解市场结构、为业务开展提供辅助	产品定位、定价决策、客户关系管理

在实践中,银行应根据业务范围的不同,选取合适的细分指标。细分指标选

取原则如下。

（1）综合系统性原则：指标体系需要尽量满足综合评价的全面性和相关性要求，一方面要充分反映个体的多项特征，另一方面也要规避指标重叠。

（2）恰当性原则：一个合格的细分指标必须具备的第一项品质就是恰当性。例如，银行个人高端客户细分指标必须与高端客户对指定金融产品的行为及态度紧密联系起来。

（3）量化原则：一项有用的细分指标应当是易于测量的，或者至少是可识别的。例如，当决定将性别和年龄作为细分指标时，就很容易得知市场上男性客户有多少，处于某一年龄段的客户有多少。

（4）可操作性原则：细分指标还应具备实际用途，能够引导营销目标做出合理定位，使之根据不同的细分市场，突出营销策略的针对性和个性化特色。

2. 客户细分中的数据挖掘技术

当前，计算水平已显著提升，数据挖掘算法日趋成熟，并逐渐应用到客户细分上。面对众多算法，不仅需要熟悉其原理，而且应该了解其正确的应用场景。客户细分的应用场景不同，算法的选择也会有所不同。

（1）分类算法分类是指找出描述并区分数据类或概念的模型（或函数），使之能够使用模型预测对象的类别。在客户细分中，分类算法通常是已明确分类的目标客户，从产品属性出发，希望在已有的客户中，找出符合该产品特点的客户群。分类模型主要有决策树、多元判别分析、逻辑回归模型、神经网络技术和支持向量机算法等。

（2）聚类算法聚类是根据"物以类聚"的原理，将本身没有类别的样本聚集成不同的簇，并对每个簇的特征进行描述的过程。它一般适用于从客户特点和需求出发，为其定制个性化产品的场景。它在对海量数据的执行效率、孤立点的检测能力等方面较其他算法有明显的优势。X-means算法的基本流程是从聚类数范围的下限 k_1 开始，不断地运行 K-mean 算法，每次都将聚类数加 1，直到遇到满足聚类条件的聚类数 k 达到为止（若一直不满足条件，则最终聚类数会运行到 k_2 结束）。这样做的优点是聚类结果的每一类都尽可能紧凑，且类间距尽可能大。

无论是分类还是聚类，都要针对具体业务来选取细分指标，这些指标包括客户的人口统计学特征和行为特征。一般来说，应当选取与细分目标相关性较高的指标，如银行需要在信用卡客户中找到具有明显高净值倾向的客户群并向其推销白金卡，此时不仅要选择客户的人口统计学指标，而且要选择客户的当前和历史财务状况、信用状况等指标。需要注意的是，当某些指标与业务问题关联性较低时，可考虑不放入或降低其权重；当细分指标较多时，可利用主成分分析进行筛选；当指标与指标之间存在高相关性时，可选取其中一个。

三、客户价值分析

在商业银行的发展中，挖掘并留住有价值的客户至关重要。企业总是希望以最小的支出获得最大的利润。为节约企业资源，减少开支，可对有价值的客户做出评判，以成功挖掘价值最大的客户。在正确判断客户价值的基础上，银行可以通过差异化营销留住客户、创造财富、求得发展。客户价值评价体系是一种指标全面但分类目的较为宽泛的客户细分体系。在实际应用中，评价指标的选择应当与具体业务或产品相匹配。银行可以根据业务或产品的不同，对评价体系中的各个指标重新分配权重，利用数据挖掘算法计算出更加合理、准确的客户价值得分，从而将客户划分到正确的类别中去，最终作为差异化营销策略的辅助依据。基于客户价值的客户识别模型框架如图 3-3-1 所示。

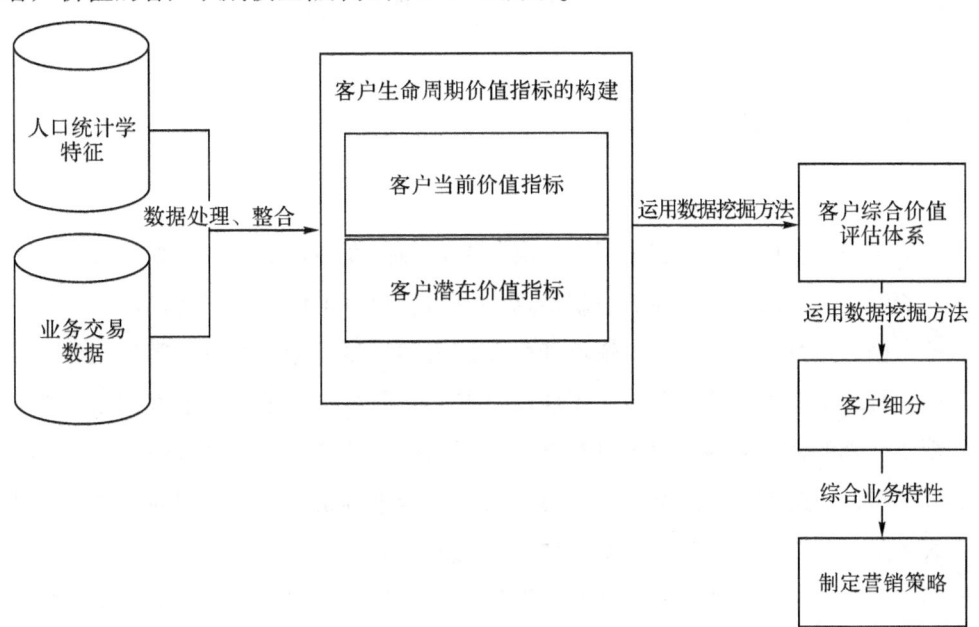

图 3-3-1　基于客户价值的客户识别模型框架

一般来说，基于价值的客户识别流程包含以下几步：首先，获取客户的人口统计学特征和业务交易数据信息，对其做相应处理和整合；其次，根据具体业务问题计算与之相关的客户生命周期价值指标，运用数据挖掘方法得到客户综合价值并对客户进行细分；最后，根据细分结果提供个性化的影响策略，提高与客户需求的契合度。现阶段，有学者经过深入研究后提出了客户价值分类模型，如图3-3-2所示。

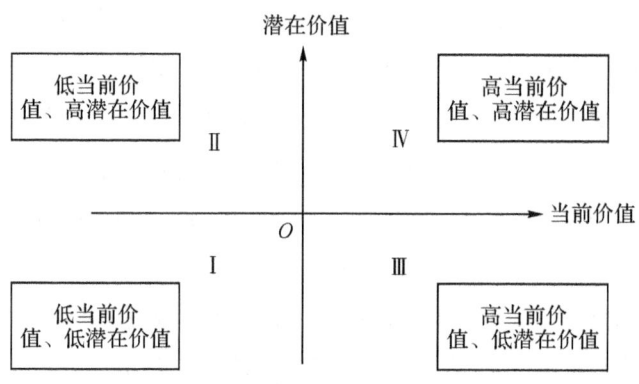

图 3-3-2 基于客户价值的客户分类

四、营销策略设计

（一）锁定目标群体

对于一个企业而言，它拥有大量现有客户与潜在客户名单，假如说有1万名客户资料，决不能立即拿起电话就给这1万名客户打电话，推销自己的产品或者服务，因为这种方式不仅会大幅增加企业的成本，而且会有大量的客户拒绝甚至投诉，打击营销人员的积极性。正确的方式是，在每次营销活动前都制定一个事先精心策划的营销策略。锁定目标群体是营销活动的基础，它可以使企业聚焦到部分客户，而这部分客户也是最有可能给企业带来高价值的。这对企业而言，可以大大降低营销成本，提高营销活动的成功率；对于营销人员而言，也可以提升他们的信心，有利于他们更好地开展营销工作；对于客户而言，能够获得他们想要的产品和服务。

一般来说，锁定目标群体通常可以分为4个环节：一是客户资料的收集，二是营销目标的确立，三是模型的建立，四是最终营销名单的选择。

1. 客户资料的收集

目标群体的确定主要依靠各种分析、判断和预测，包括对客户的描述性分析、分层或预测性的回应概率计算，而这些过程都需要首先收集客户资料。客户资料的收集可以通过收集外部资料和内部资料来实现。对于外部资料，可以通过调查、注册等传统渠道获得客户信息，也可以通过社会化媒体、地理位置定位等新渠道来获取客户信息；对于内部资料，则可以通过企业的后端数据库进行收集，如客户的交易数据、网站浏览记录等。客户资料的收集对后续开展营销意义重大，不仅可以为客户细分提供基础数据，而且可以为目标市场的细分提供数据支持。客户细分有助于把握客户的特征，因为并不是每一个客户都适合成为营销活动的目标客户。如果企业想要以最低的成本开展最有效的营销活动，就需要关注正确的目标客户群体。客户细分可以确定哪些客户能为企业带来盈利，哪些客户则不能，并帮助企业锁定目标群体。

2. 营销目标的确立

确立营销目标时，需要考虑的因素有很多，其中最常见的一个是获利率，另一个就是忠诚度。有些客户只能为企业带来微小的利润，但是很忠诚，可以长期与企业进行合作。对于金融机构而言，选择目标客户时还需要考虑一个非常重要的因素，那就是风险。金融机构不仅要筛选高收益的客户，而且需要规避高风险的客户。大多数客户往往处于几种极端情况之间，但这些客户也会受到营销策略的影响。在这些客户中，有的能给企业带来利润，有的则不能；有的客户具有高的忠诚度，有的却很不忠诚；有的具有较低的风险，有的则风险较高。确定目标客户时，通常可借助客户细分的方法来识别具有不同特征的客户群体，对其市场潜力与价值做出科学评估，通过这样的分析可以更加有效地指导目标群体的定位。通过应用目标客户分群的方法，可以将营销活动定位于某些特定的细分客户群体。

3. 模型的建立

在营销目标确立之后，企业应当选择合适的数据模型，预测目标客户的响应率，然后挑选具有高响应率的客户开展营销。模型的建立可以分为指标的选取、模型的建立、给客户打分3个步骤。指标的选取是确定可能影响营销目标的因素的过程，一般可以从客户所在地区、年龄、收入水平等社会属性信息及一些行为信息中选取；模型的建立是指用数据挖掘的方法，通过建立预测模型（如逻辑回归、决策树等）的方式筛选具有高响应的目标客户群；给客户打分是指把所有待评估的客户送入已经做好的预测模型中进行赋值，计算其响应的概率。在获得响应概率之后，可以将客户的得分按从高到低的顺序进行排序，并等分成10组。根据客户数量和营销的需要，也可以采取不同的组数，但是必须遵循等分的原则。

如果营销活动中涉及2个或2个以上的产品，则需要考虑模型的优化组合。优化组合模型可以在预测概率的基础上，通过考虑各种其他假设条件和制约因素来分配各个产品的营销投放人数和需要的模型分数取值，以获得最好的回应和最高的利润。

4. 最终营销名单的选择

在最终营销名单的选择过程中，企业需要考虑营销成本、具体目标及其他一些条件，然后最终选取相应人数的客户进行营销。在制作名录之前，营销部门通常要准备一份详细的名录制作规定，确定客户抽取范围和条件。客户名录中最重要的信息是客户的联系方式，包括姓名、地址，如果进行电子邮件营销，则必须有客户的电子邮箱地址，如果进行电话营销，则必须有客户的联系电话。根据客户名录，营销部门就可以通过各种渠道和客户取得联系，影响客户的决策，促成交易。

（二）整合营销手段

企业在锁定目标群体之后，就需要考虑如何与目标群体之间建立联系和沟通，让目标客户了解相应的产品和服务。对于不同的客户群体，他们所习惯的营销工具也不完全相同，如年轻人更加习惯网络营销，而年纪大的客户则更加习惯直邮营销。因此，要系统化地整合不同类型的营销工具和手段可以将各个独立的营销活动综合成一个整体，从而提高营销活动的有效性。常见的营销手段包括直邮营销、电话营销及手机短信营销等。

1. 直邮营销

传统的直邮广告是通过邮递的方式把企业的产品目录或者宣传单投递到客户手中，是一种单方向的信息传递。当前，企业借助多媒体传递产品信息，以吸引更多的客户。在网络环境下，企业则通过互联网进行产品宣传，同客户展开互动交流，掌握客户信息，把握其个性需求，有针对性地为其提供产品与服务。同时，企业为客户提供了大量的信息，可借助现代信息技术对这些信息进行筛选、过滤，从而做出最佳决策。

直邮营销以客户需求为中心，为客户提供大量的产品信息，帮助客户节约大量购物时间和购物成本，同时重视客户的反馈信息，并对客户的建议和意见做出积极回应，可以最大限度地满足客户的消费需求。但是在进行直邮营销的时候，企业也要注意根据目标客户群的习惯，避免由于信息量过大而对客户造成干扰，使客户产生厌恶的情绪。此外，在设计直邮营销的内容时，要做到新颖别致、制作精美，主题口号要响亮，要能抓住客户的眼球。

2. 电话营销

电话营销是通过电话等通信方式，向客户营销某种产品或者服务，以扩展消费群体、提高交易量、提升消费者满意度或者留住客户。电话营销通常是有组织、有计划的，并且随着与数据挖掘技术的结合，好的电话营销方案通常是具有针对性的，只有这样才不会引起客户的反感，从而提高电话营销的成功率。

电话营销是企业整体营销活动规划的一个重要组成部分。通过电话营销，企业可以将产品信息以一种个性化且经济有效的方式传递给客户，客户也可以与企业进行相互沟通，从而维持良好的客户关系。

3. 手机短信营销

手机短信作为一种相当普及的通信方式，它不但给人们的生活带来了方便，而且也为企业创造了一种有价值的营销手段，产生了许多商业用途。在目前商业竞争相当激烈的环境下，企业利用手机短信能发布各种商业信息。当然，在发布这些信息之前，必须进行有针对性的数据收集活动，否则会浪费大量的财力，造成许多无效的营销活动。此外，许多企业现在都设立了客户注册的栏目，客户可以用手机注册会员，企业再根据客户注册的信息建立所需的数据库，分析其内容，然后通过相似度计算，利用协同过滤的方法为相似的客户提供产品和服务。

随着智能手机的兴起，手机短信营销也扩展到了利用即时通信工具 APP 来进行营销活动。例如，企业可以利用微信来为客户提供商业信息，客户也可以通过订阅微信服务号来和企业进行交互，享受企业提供的服务，同时反馈自己的意见和建议。

4. 其他营销手段

除了上述 3 种最为常用的营销方式之外，还有其他众多的营销手段，如网络广告、网站、电子邮件广告、视频营销、病毒营销等。如果仅仅依赖某种营销手段，往往存在较大的局限性。例如，通过网络营销为客户提供产品和服务的信息，但如果没有呼叫中心，网络广告就很难立即带来购买力。此外，仅通过网络广告，企业也很难衡量这些营销方式的效果，而只能分析广告的点击率和电子邮件的开信率。电话营销能很好地衡量营销活动的转化情况，能够清楚地计算出平均每个电话所能带来的销售额和利润。这对企业开展精准营销及评估营销活动的效果都非常重要。

同时，从客户的角度来讲，由于不同客户对不同的营销渠道的接受程度不同，因此企业对目标客户开展营销活动时，可以通过数据挖掘的方法，为不同的客户匹配不同的营销渠道，采取多种方式相结合的立体式营销组合。例如，电话营销和直邮营销的整合，通过直邮让消费者了解产品信息，然后通过电话沟通的方式解答消费者对产品或服务的疑问，从而提高消费者对营销活动的响应率。

（三）实现精准营销

营销模式通常可以分为2种：一种是传统的营销模式，另一种则是精准营销。传统的营销模式是一种相遇型的营销模式，企业向所有客户提供一样的产品和服务，无法进行针对性的营销活动。精准营销则是一种相知型的营销模式，化被动为主动，有意识地分析和挖掘客户，针对不同的客户提供不同的信息，将营销手段进行有机结合，提供个性化服务，提高营销转化率，提升客户忠诚度。

企业在进行精准营销的过程中，需要在最佳的时机，对最合适的客户提供最佳的产品或服务，这样才能显著提高营销活动的效率。企业在进行精准营销活动设计的时候，可以从以下几个方面进行考虑。

1. 预算最优化

企业营销活动的预算必须控制在某个特定的范围之内，因此必须选择可能购买该产品的客户来加以促销。通过数据挖掘预测模型可以给每一位客户设定一个得分，得分高的客户对该产品或者服务的兴趣程度也会越高，因此他们是促销活动的目标客户，而得分低的客户则被排除在促销活动之外。高分和低分分界点的确定则取决于企业的营销预算。在营销预算的限制下，企业可以对客户进行评分，按分数从高到低的方式筛选一定量的客户进行促销。预算最优化是指应用数据挖掘方法，通过建立模型计算客户得分，用得分来刻画客户对某种产品或服务的喜爱程度，在有限预算的情况下，尽可能多地接触到有意向的客户。

2. 营销活动最优化

营销活动最优化是指企业营销活动已经在预算之内，并且通过数据挖掘方法找到更多对产品有意向的客户。但是，这项营销活动是否能为企业带来收益，这是在预算最优化之后下一步需要了解的问题。如果需要进行量化评估，则需要先建立一个净利润模型，通过这个模型来预测企业在本次营销活动中的预期收益。模型的建立需要3个方面的信息：第一是在所有客户中估计对该产品有意向的客户比例；第二是日常开支，指的是促销活动的固定成本；第三是营销活动的潜在规模，也就是企业打算对多少客户进行营销推广。通过这些数字，企业就可以预测本次营销活动的预期收益。

3. 客户最优化

对于某一次具体的营销活动而言，实际收益是评估营销活动好坏的最佳标准。但是，实际情况会更加复杂，一个企业的产品或者服务往往具有很多种类，需要对各种各样的产品或者服务进行营销推广，这就不是某个单独的促销活动的最优化，而是需要针对每一位客户送出他们可能需要的产品或者服务。在营销活动最优化的前提下，每次单一的促销活动只会涉及客户中的一小部分，这也就可能造成客户同时接收到较多各式各样的促销信息，而过多的信息会让客户感到信息过载并产生厌倦而无法决定要买什么，甚至造成许多客户从此之后不再参与任何促销活动的后果。对于一个企业而言，每一次促销活动都是在相互竞争，争取客户，而许多客户却根本没有收到任何消息。这时，企业需要考虑以客户为中心的策略。此策略并不要求每个促销活动的效益最佳化，而是将每个客户的价值最大化，也就是为不同的客户提供个性化的信息。客户最优化可以让企业有计划地对客户推行一系列的促销活动，从而影响客户的消费行为，将与客户的关系维持得更加长久，为企业带来更多利润。

通过以客户最优化的原则设计营销活动之后，企业的营销部门需要对营销活动的有效性进行检验，并为之后的营销活动设计提供一个可信赖的营销案例。

精准营销是一个闭环的过程，需要不断地根据结果反馈对营销策略进行调优。因此，在客户最优化的实验设计中通常会将客户群分成4个细分组（图3-3-3），分别为：①实验组：评分较高，并接收到促销信息的组。②模型对照组：评分较高，但没有收到促销信息的组。③控制组：模型分数随机，并且接收到促销信息的组。④对照组：模型分数随机，但是没有收到促销信息的组。

当一个营销实验设计包含以上4个组时，企业可以度量营销活动和信息的有效性。有效性的检验则可以通过增量响应或提升模型来实现。相对于绝对响应模

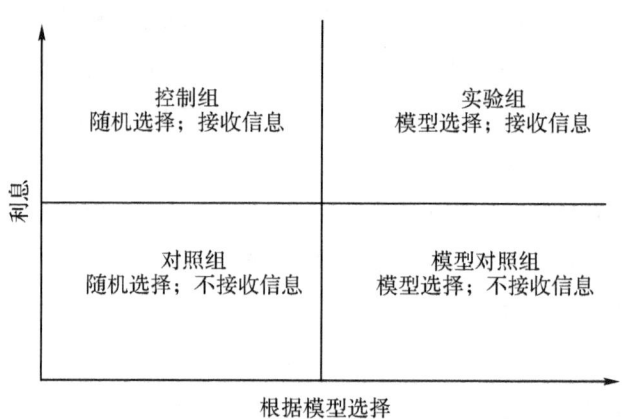

图 3-3-3 营销实验设计原则

型,增量响应模型基于市场信息估计响应的增量。其基本思想是开发 2 种模型:第一个模型是基于客户的随机样本,并预测对照响应概率;第二个模型是基于模型选择的响应概率,也就是实验响应模型。通过计算这 2 个概率之间的差,获得增量响应。增量响应分数越大,表明营销实验的效果越好。

第四章 大数据驱动下的金融监管新模式

第一节 规范大数据在金融企业的使用

一、实施企业负责制,保护金融大数据中的个人隐私

随着大数据时代数据类型的丰富和数据分析能力的进步,大量看似不包含个人信息的数据在经过处理后,也能提取出准确的个人信息,从而对个人隐私产生潜在的威胁。在逐利性强、充满诱因的金融行业,这种潜在的隐私威胁更容易转化成对金融企业的竞争对手,或对客户、企业职员的人身或财产造成实质侵害。2013年5月爆发的彭博"窥探门"事件就表明这种危险正广泛地存在于金融行业内。

计算机和互联网技术进入金融行业以来,"保护个人隐私"就成为金融行业关注的热点。目前,为了避免侵害个人隐私,"个人授权制"在金融行业得到了广泛应用:金融企业会提前告知个人信息的相关用途,并获得受访对象的电子或书面许可。但是,这种传统的方法在大数据时代已逐渐失效。与以往的技术革新截然不同,"大数据"不仅在程度上加剧了数据搜集对个人隐私的威胁,更从根本上改变了这种威胁的性质。总而言之,在大数据时代金融行业的"个人授权制"陷入了2种新的困境。

第一,非经济性。大数据的"二次应用"和新应用的不可知性,使得信息使用者无法提前获得个人许可。如果每当增加新的用途就必须再次获得个人许可,"个人授权制"将产生不可承担的经济成本,进而无法实施。

第二，非可察性。与填写表格、电话访谈等传统的信息搜集技术不同，大数据时代金融行业中个人信息的搜集可以采用计算机程序"悄无声息"地自动完成。采集的信息形式也不再局限于容易防范的文字和图片，而是包罗万象。甚至个人在社交网站或移动终端上无意识地留下的"点赞"评价、心（表）情符号、浏览痕迹和功能应用等，都可能被金融大数据涉及。因此，个人信息的搜集将难以被个人所察觉。这在技术层面上为金融企业开启了"方便之门"：在很多情况下，金融企业可以绕过个人授权的环节，直接采集个人信息，而个人对此则浑然不知。例如，2006年哈佛大学的一个研究项目在著名社交网站 Facebook 上搜集了1700名大学生的个人信息，以研究他们的兴趣和人际关系随时间变化的情况。这些数据随后被披露给世界上的其他研究机构进行分析。然而，其他研究机构很快发现，所有被调查者对自身隐私信息被搜集的事情都毫不知情。

可见，大数据时代下的"个人授权制"已陷入非经济性和非可察性的困境，不再适用于金融行业的个人隐私保护。面对这一变革，金融监管机构应该转变思路，制订新的制度和规范，促使金融行业的个人隐私保护模式从"个人授权制"向"企业负责制"进行转型。针对金融大数据的特点，这种转型应该包含2个方面的转变。

一方面，监管的内容应该从"金融企业是否获得个人授权"转变为"金融企业如何处置个人信息"。不再唯"个人授权"是论，而是关注金融企业在数据搜集、处理和发布过程中是否遵循相关规定，是否承担起了保护个人隐私的责任。既支持金融企业对金融大数据进行广泛的"二次应用"和应用创新，避免"个人授权"成为金融创新的"拦路虎"；也要保证金融企业对个人信息进行了应有的滤除和保护，使金融企业承担保护个人隐私的责任，避免"个人授权"成为金融企业不作为的"挡箭牌"。

另一方面，监管的形式应该从"原则指导"转变为"技术规范"。近年来，我国相继出台了《刑法修正案》《侵权责任法》《关于加强网络信息保护的决定》等一系列法律法规，个人信息安全的法律保护得到不断加强。但是，这些原则化的法律法规对于不断发展的金融大数据而言缺少实际的操作性。并且，信息技术的复杂性也使得司法过程中的受害人举证和损失评估难以实现，影响了法律法规的实际效力。因此，金融监管机构应该设立具体的规章制度和行业标准，对金融企业在搜集、处理和发布金融大数据的过程中如何处置个人信息进行规范，并明确个人损失的评估方法、企业违规的判定依据和相关处罚的裁量方法。这样，个人信息的保护不但有法可依，还能有章可循，通过规范化的标准与程序落实到金融行业的实际运行中去。

从技术层面来看，金融大数据的"匿名化"处理可能会逐渐成为上述规章制度和行业标准的一个重要核心。"匿名化"处理是指在数据集中将名字、生日、个人账户等可以反映个人身份的信息滤除，将剩下的信息进行利用。金融大数据的"匿名化"在保护个人隐私的同时，也最大限度地减少了信息价值的损失。近年来，虽然业界对交叉检验等技术是否会使"匿名化"失效还存在争议，"匿名化"技术已获得了各国行业监管机构的高度关注，并已在数据监管领域走向实践。2012年11月，英国信息委员会办公室（Information Commissioner's Office，ICO）率先出台了一系列基于"匿名化"的个人信息保护指导条例。英国信息委员会专员葛拉汉（Christopher Graham）宣称，"这些条例出台的目的在于为从业人员提供一个分析框架，以判断是否需要将信息'匿名化'，从而保护个人信息。不能正确地将个人信息'匿名化'的行为将遭到信息委员会办公室的制裁。"

尽管英国监管机构在"匿名化"的方向上已先行一步，但是目前业界和学界对"匿名化"的实际作用还存在争议。有学者指出，大数据之间的交叉检验可能使得"匿名化"对隐私的保护形同虚设。

面对交叉检验技术带来的挑战，英国信息委员会的指导手册《匿名化：管理数据风险》提供了相辅相成的2种解决途径。第一种是建立一个独立第三方机构。这一独立第三方机构从不同的企业获得授权，从而将来自不同企业的、可能涵盖相同人群的数据集进行比较分析，检验是否能够采用交叉检验的方法使多个数据集相互联系并反映个人身份。如果存在身份识别的风险，则由该第三方机构对数据进行修改，以消除多个数据集之间交叉检验的可能性。第二种是采取数据模糊化技术。对于存在相互联系的数据集，第三方机构可以将敏感的数据指标模糊化，如以数据区间代替精确数据、模糊图片的部分区域等，使得交叉检验变得难以实施。《匿名化：管理数据风险》提出的这2种途径，为维护和增强"匿名化"的有效性提供了新的思路。个人信息模糊化处理示例如表4-1-1所示。

表 4-1-1 个人信息模糊化处理示例

原始数据	简单匿名化	匿名化+模糊化
员工姓名：李雷	员工姓名：隐去	员工姓名：隐去
出生日期：01/09/1973	年龄：39	年龄：35~45
性别：男	性别：男	性别：男
地址：北京市，朝阳区，100020	邮编：100020	地址：北京市
入职时间：11/06/1992	就职时间：245个月	就职时间：18~22年
皮炎检测：阳性	皮炎检测：阳性	皮炎检测：阳性

二、控制"数据风险"和"鲁莽行为"，规范金融大数据的应用

近年来，大数据的应用在金融领域崭露头角。基于大数据的金融创新，如阿里小贷、百度金融等，方兴未艾。值得重视的是，大数据在推动金融创新的同时，也给金融行业带来新的"数据风险"。同时，从发达国家的经验来看，基于金融大数据的决策可能会导致鲁莽的交易行为，为金融市场带来潜在风险。因此，监管部门应该逐步制定相应的规章制度，完善监管体系和监管手段，规范金融企业对金融大数据的应用行为，避免大数据成为威胁金融市场稳定的风险源头。

（一）大数据与"数据风险"

有学者指出，大数据的发展将带来三大变革：全体数据将代替随机样本，混杂性将代替精确性，相关关系将代替因果关系。目前，这三大变革正带来全新的创业方向、商业模式和投资机会，从而推动金融创新的进一步发展。但是，依赖相关关系、只关注"是什么"而不关注"为什么"的分析方法和决策方式同样带来了新的"数据风险"。

这一风险体现在大数据本身的真实性上。大数据基础上的分析与决策对数据自身的数量和质量非常敏感。随着大数据时代数据类型的丰富和数据规模的升级，这种风险正在不断扩大。例如，数据量的大幅增加会造成结果的不准确，一些错误的数据会混进数据库。因此，在大数据时代，数据提供者造假将具有更大的危害性。

即使在数据质量合格的情况下，大数据分析也容易陷入"虚假关系"的误区。金融监管部门应该给予关注，应该建立具体的规章制度和行业标准，规范金融企业基于大数据的分析和决策行为，避免由于数据真实性和"虚假关系"对金融市

场的各类参与者,尤其是中小投资者,带来巨大的损失。

(二)大数据与"鲁莽行为"

20世纪80年代以来,高频交易(HTF)凭借其出色的业绩表现在全球范围内赢得投资者的广泛青睐,并成为目前全球金融市场重要的投资策略之一。近年来,金融大数据的兴起为高频交易提供了更加坚实的技术支持,并促进了交易策略的不断创新。

行业带来创新动力时,也带来了潜在"数据风险"。金融监管部门应该给予关注,应该建立具体的规章制度和行业标准,规范金融企业基于大数据的分析和决策行为,避免由于数据真实性和"虚假关系"对金融市场的各类参与者,尤其是中小投资者,带来巨大的损失。

然而,大数据给高频交易带来策略升级的同时,也带来了风险升级。这些基于大数据的交易算法容易受到"数据风险"的干扰。在高频交易的程序化交易过程中,这些干扰难以人为排除,并且会几乎立即形成错误的交易行为,进而给公司造成严重的损失。更为重要的是,在对冲基金林立、程序化交易广泛普及的今天,一家高频交易公司的失误,往往会对其他公司交易程序释放错误的信号。这将触发"多米诺骨牌效应",导致一系列的、遍及市场的错误交易,并将单个公司的风险迅速扩大为市场风险。2013年4月23日,美国市场的暴跌就是一个生动的例证。当日,黑客盗取了美联社的Twitter账号,发布了白宫遭遇袭击的虚假新闻。该消息立即在美国资本市场引起恐慌,并持续了几分钟,造成了股市动荡和油价下跌。引发本次股市暴跌的一个重要原因就是美国很多对冲基金采用了基于大数据的情绪算法策略。该策略从Twitter、Facebook等社交媒体提取市场情绪信息,预测出股票市场的未来走势。一旦有自然灾害或恐怖袭击等意外信息发布,便立即抛售股票。

大数据与高频交易结合所带来的新风险正引起各国金融监管机构的高度重视。2013年5月,在纽约大学理工学院大数据金融论坛上,美国商品期货交易委员会(CFTC)专员斯科特·奥马利亚宣称,此类"鲁莽行为"将逐步成为裁定交易者不正当行为的依据。例如,交易者可以依据成千上万条的社交网站信息进行交易,但是如果仅凭新闻中出现"炸弹"和"白宫"2个词语就大量抛售股票,将被认定是鲁莽的。

在关注该问题的同时,各国金融监管机构正着力保证金融市场的参与者负责地使用大数据技术。例如，美国商品期货交易委员会（CFTC）就曾考虑是否可以由金融监管机构对交易商的算法进行认证，以降低"鲁莽行为"出现的可能性。但是，这种直接管制可能会影响交易商的正常运营，同时可能会导致其算法的知识产权遭到侵害。基于美国国家实验室的资源，这种实时监控的指标能够有效地捕捉交易者的"鲁莽行为"，在将违规者扫地出门的同时，继续向诚信的参与者敞开市场。

三、明确金融大数据的产权，激发金融市场的活力

金融大数据正在我国金融行业的各个领域推动着革新与突破，逐渐成为未来金融行业发展和创新的重要动力。对此，我国金融监管机构应该与时俱进地构建相应的制度环境，高屋建瓴地建设合适的系统平台，正确引导并充分发挥大数据的力量。目前，大数据在我国金融领域的活力还未能得到充分释放。这主要受到2个现实问题的制约。

（一）数据封闭

大数据驱动金融创新的前提在于，数据能够充分地交流和整合，并创造出更具价值的信息。但是，我国目前的数据储备呈现"总量大、分布散、沟通难"的特点。虽然我国政府、公共机构和私营企业都持有大量的社会经济数据，但是这些数据都孤立地存储在不同平台。同时，相当多的数据因为产权或技术原因无法为外界获得。这就人为地导致了数据的割裂和短缺，致使大量的数据无法高效地转化为现实的经济价值和社会财富。

（二）数据垄断

大数据驱动金融创新的核心在于信息流、资金流和商品流的紧密结合。一方面，同时握有数据和资金资源的电商巨头与商业银行将凭借"数据垄断"获得绝对的竞争优势。例如，阿里巴巴凭借电商平台的数据优势和雄厚的资金实力，先后进入小额贷款、理财账户和保险领域，并向银行领域正式进军。而建设银行、工商银行等传统商业银行业逐步起用"沉睡已久"的内部数据，开始了业务创新。另一方面，金融市场的中小参与者则处于数据和资金两相分离的弱势地位。一般的互联网平台，如人人网、新浪微博，拥有丰富的大数据资源，但无法向金融服务进行转化。一般的金融企业则缺少大数据的原始储备和获得渠道，难以进行相关业务的拓展。这种"数据垄断"一旦形成，将降低金融市场的竞争效率，在很

大程度上抑制了金融大数据的活力。

为了突破上述困境，中国的相关监管部门应该着力于制定相应的法律法规，为金融大数据的高效整合、信息流与资金流的合理配置创造良好的制度环境。在这一过程中，大数据的财产化和自由交易化将会成为最为关键的环节。

第一，应该从法律上将大数据资源进行财产化。通过立法等形式，将大数据确认为一种财产，并且明确规定大数据的产权如何产生、转移和终结。同时，对于侵害大数据财产权的相关行为，如黑客攻击、非法传播等，应进行相应的裁量和处罚。这些举措确认了大数据的财产性法益，有利于保护大数据所蕴含的社会经济价值。这将为相关企业开发和持有金融大数据所产生的合法权益提供法律保护，同时也为大数据的进一步交易和流通提供法律支持。与知识产权等非实物资产相似，大数据的财产化将最终促使以大数据的创造、交易、利用为核心的新产业链的诞生，从而创造更多的社会财富。

第二，在大数据财产化的基础上，应该通过制度设计和行业指导，促进金融大数据在市场上以财产的形式自由交易和高效流转。一方面，这种交易将解决"数据封闭"的困境。市场参与者可以通过竞价购买、自由交易的方式，获取并整合来自于不同搜集者或不同平台的大数据资源，从而进一步开发大数据的社会经济价值。这将激活我国大量"沉睡"的数据资源，使其为金融行业的发展贡献力量。另一方面，这种交易将消除信息流和资金流的隔离，进而打破"数据垄断"。在大数据自由交易后，金融市场的中小参与者无须耗费大量的投资进行大数据的搜集和开发，只需要向大数据的供应商，如电子商务企业、社交平台、医疗机构等，针对性地购买相应数据。大数据的供应商也将从交易中获得丰厚的资金回报，从而进一步提高数据的处理能力，形成信息流和资金流的良性互动。

近年来，一些国家和地区的监管机构已经在上述 2 个环节开始了有益的尝试。在大数据财产化方面，我国台湾地区立法机构在 2002 年修正了刑法相关法条，解释了计算机电磁记录是否属于动产及侵犯此类财产如何量刑的问题。其立法的意图在于，所有电磁记录属于一种独立的应当予以法律保护的客体。在大数据自由交易方面，美国主要依靠支持和发展第三方公司来进行大数据的定价与交易。这些第三方公司成了数据提供者和数据需求者之间的活跃媒介，大幅提高了交易的效率，并降低了交易成本。其中，微软推出的 Windows Azure Marketplace 正成为该类第三方公司的典范。Windows Azure Marketplace 包含了数万亿个数据点，计划为客户提供高级数据和应用程序的一站式购买体验。

第二节 强化大数据应用下的隐私保护

21世纪以来，人们对互联网的依赖程度不断加深，每天都会产生大量各式各样的数据。在这些数据的生成、获取、存储及处理环节中，可能存在着许多数据安全风险，威胁着用户的隐私安全并可能导致用户蒙受损失。特别是在大数据环境下，数据安全和隐私保护显得尤为重要。

一、数据安全与隐私保护的必要性

数据安全，顾名思义就是关于数据的安全。在此，安全既是作为属性词的安全，即数据本身是"安全的"，也是关于安全的操作，即保护数据安全的行为。

那么什么样的数据算是安全的呢？数据的整个生命周期在传统意义上来讲是创建、使用、备份、再利用、销毁的循环过程，在大数据的环境下也是如此。在绝大多数大数据的应用场景里，数据被创建出来后，经历采集及预处理，然后进行数据分析，最后进行数据解释这样一个过程，最终可能被存储起来供后续的分析使用，或者被销毁。在这样的过程中牵涉到的数据安全性问题主要是数据隐私问题及数据的完整性问题。

大数据安全里的数据完整性指的是数据在其生命周期中没有被刻意修改甚至刻意制造，在传输、存储信息或数据的过程中，确保信息或数据不被未授权地篡改或能够及时监测到数据被篡改这一情况的发生。这种刻意的或者带有恶意的修改、制造错误数据的情况可能发生在数据生命周期中的任何一个环节中，即数据在传播的过程中发生了失真的状况。除了数据的完整性，针对数据安全，还应该考虑数据的保密性和可用性。

金融机构在经营中不断产生大量数据，如果希望从中获取正确有用的信息，或者希望将数据很好地保存下来供未来进一步的分析、研究、使用，则需要保证数据的完整性、可用性、保密性。缺少了数据的完整性、可用性和保密性，便不能从大数据集中提取出预期的、正确的信息，还有可能使后续的分析产生严重的偏差。缺少了数据的保密性，一方面可能导致隐私信息泄露，另一方面也有可能人为导致数据完整性、可用性的缺失。

隐私保护的主体是用户个人的隐私信息。隐私信息体现出一定的个体性,它与公共利益、群体利益并无相关性。如果用户的隐私信息无法得到有效保护,则可能给用户的生活或者工作造成重大的影响。

第一,对用户的财产安全造成威胁。在充满计算机电子化信息的今天,发生重大的隐私泄露事件的同时往往伴随着大量敏感信息的泄露,特别是用户在金融机构敏感信息的泄露会直接对用户在该机构的财产安全造成威胁。

第二,对用户的人身安全造成威胁。如果泄露的信息里面包含可以定位用户所在地的信息,则有可能被不法之徒利用,对用户的人身安全造成威胁。

第三,对社会安全产生威胁。无论是个人隐私信息的泄露还是企业隐私信息的泄露,都有可能被不法之徒利用,如伪造信息、发布虚假消息等,可能会导致社会秩序出现混乱,加大政府机关部门的管理难度。

金融机构在日常的操作过程中,会收集来往用户的各项信息,其中包含隐私信息。这些信息在起初收集时可能并不出于相关的研究目的,但最终都有可能产生创新的用途。在对这些数据开展分析研究应用时,必须将隐私信息的保护放在第一位。在数据电子化程度不断加深的背景下,数据安全及对用户隐私的保护有着很重要的意义。

二、用户信息泄露的基本类型

针对用户个人隐私保护,用户的信息泄露主要可分为3种类型。

一是内部泄露。从商业机构或政府机构等单位内部泄露的用户个人信息,主要是内部人员导致的。泄露的信息通常是姓名和联系方式这类用于联络的信息。泄露的原因是对用户信息的使用和管理不善,从而被员工偷偷复制贩卖;内部管理制度不到位,对流通中数据的保护力度不足。

二是外部攻击。外部攻击主要是指黑客入侵公司网络、系统后窃取用户隐私信息。例如,2014年12月,某公司的网络安全系统遭到黑客攻击,600万用户的登录名、密码及邮箱信息遭到泄露。经查,泄密源头可能为公司内部员工;另外,该公司的数据库以明文的形式存储密码信息,这些信息成为黑客拖库的工具,给用户带来更大的损失。

三是个人原因导致隐私信息泄露。这类隐私信息泄露的原因主要是个人在平时的工作和生活中没有对自身个人信息保护产生足够的重视。例如，用户使用手机不当，使得手机中病毒，这些恶意程序如果没有被及时发现，则会在不经意间窃取个人的隐私信息；个人在使用网站时误入钓鱼网站填写个人信息，也是导致个人隐私信息泄露的主要原因。有调查指出，了解个人隐私信息的人的数量占总调查量的47.2%，接近50%的人知道隐私信息和隐私权，绝大部分人表示个人隐私曾被泄露过，隐私保护的难度越来越大。

针对数据安全，从其发展来看，已经经历了从关注安全技术，关注个人的行为、关注管理、关注整体解决方案到回归本质关注信息本身的立体化整体信息防泄露体系这一过程。技术、体系、理念等都在不断地改进和完善，监管机构的监管力度也在不断加强，很大程度上促进了金融机构数据安全防护体系的发展。

在这一过程中，数据权限管理和加密技术大大加快了数据安全管理水平的发展和提升。其中，数据权限管理限定了特定格式文件的访问权限，使得特殊文件只能被拥有相应访问权限的人访问；加密技术提高了窃取数据的成本，并且也实现了特定权限的人只能访问相应权限对应数据的目的。

三、大数据引发个人隐私泄露危机

大数据作为数据分析的前沿技术，是当前社会的应用热点。移动互联网技术迅猛发展，线上支付备受欢迎，可穿戴设备的应用更加广泛，这些无不与用户信息的收集相关联，包括手机记录的地理位置信息、移动轨迹，移动应用记录的用户使用习惯，移动通信设备记录的通话记录，智能家居设备存储的家庭使用习惯，可穿戴设备记录的用户个人身体数据等。这些信息被收集起来，很可能被用于大数据技术进行数据分析与处理。

大数据在为人们的工作和生活带来积极影响的同时，因对个人相关信息所进行的大量收集和分析，会对个人隐私信息的保护产生挑战。此外，由于当前对大数据的安全控制制度的缺失，以及大数据本身所蕴含的大量有价值信息，大数据极有可能变成一个被集中攻击的对象，从而造成个人隐私信息的外泄，如果被黑客或其他犯罪分子利用进行"社会工程学攻击"，会更加难以防范。

对于企业而言，大数据的应用价值会促进企业进一步采集、存储、循环利用大数据。数据存储成本大幅降低，数据处理与分析技术不断进步，数据规模以前所未有的速度迅猛增长。在互联网的应用中，用户隐私遭受巨大威胁，而进入大数据时代，对数据资源的争夺更加激烈，个人隐私保护更受关注。

在用户访问网站的时候，一些网站的广告位通常都会根据其浏览情况推荐相应的精准营销广告，这便应用了数据挖掘技术，也表明了用户在访问网页时无时无刻不在被监控着；在一些广泛使用的社交网站或工具上，出现了一些展示人际关系、推荐感兴趣用户或可能认识的人的功能，这在方便用户找到志同道合的朋友和老同学的同时，也说明用户在该网站的人际关系网正在不停地被计算分析着；电子邮箱系统会将电子邮件用于统计分析，虽然真实的人名或者邮件的内容对计算机来说并没有实际意义，但是也说明邮件正被时刻访问。大数据分析之所以能够带来方便，是因为它需要时时刻刻分析用户各方面的信息，其中也含有隐私信息，当其被单纯地利用在一些服务用户的算法中时，并没有明显的威胁，因为不需要访问个人敏感信息，但是当这些数据被有意识地调用、访问、分析时，则会造成用户的隐私信息泄露。总的来说，在大数据环境下，可能会为个人隐私信息带来以下问题。

第一，个人隐私信息泄露风险增加。个人隐私信息被广泛地收集、处理后，极有可能被整合成极具代表性的形式存储起来，一旦这类信息泄露，则会导致大范围的隐私信息泄露。也就是说，大数据下的数据收集增大了个人隐私信息泄露的风险。

第二，无法做到真正的个人隐私保护。大数据时代收集的个人隐私信息极有可能被用于创新型的用途中，但是企业可能因为告知成本太大而没有对相关个人行使告知义务，当然也没有得到用户的许可，这使得在获取个人隐私信息的时候与用户达成的"告知与许可"义务并没有得到彻底地贯彻。这些都说明在大数据时代，真正的个人隐私保护是很难做到的。

第三，无法实现用户匿名化。在大数据环境下需要进行数据的交叉检验和用户的关联，所以用户的匿名化在后台层面不能实现，这使得监控和获取个人隐私的行为变得更加便捷。

第四，数据被攻击的可能性增加。因为大数据本身蕴含大量有价值的信息，并实现了大量不同类型信息的整合，所以对黑客来说，大数据的存在降低了其获取信息的成本，使得大数据极有可能成为攻击的目标，而且黑客可以利用已泄露的信息匹配出个人的完整信息。

四、大数据在金融领域科学应用的安全措施

在信息化程度不断加深的今天,金融机构对数据系统的安全性、稳定性有很高的要求。金融领域业务链条的拉长、云计算的发展、大数据的使用等,都会增加金融业大数据的安全风险。因此,金融机构在大数据安全相关领域(如数据访问控制、网络安全、内部控制等)需要进一步加强管理,可采取的措施如下。

第一,建立完善的安全管理规范。对数据的收集、分析与应用各个环节都应得到严格管控,这是维护金融大数据安全的必要之举,具体而言,就是在数据的使用与流转上加强管理,一方面严防数据信息被非法授权查看、复制,另一方面要避免数据被篡改。在金融机构的发展中,数据管理是一项能影响全局的大事,因而要构建科学的数据管理体系,强化对关键信息的保护,做到职责明晰,严守数据使用规范。

第二,数据变形处理。在物理层面对数据实施科学管理,是维护大数据安全的又一举措,如对关键信息进行变形处理,即在保证数据可用性的基础上,通过对数据中涉及客户敏感信息或商业机密等信息进行完全脱敏,降低安全风险。

第三,运用"国密算法"。运用"国密算法"的密码技术可以将数据安全的风险和威胁控制在一定的范围内,并且有助于在金融行业关键技术上实现自主研发。

总之,金融大数据的安全管理,需要在数据申请、审批、变形处理、提取、使用、销毁等数据生命周期的各阶段进行管控,需要制定和完善敏感信息保护制度。同时,金融机构从业人员也需要提高认识,强化敏感信息的保护意识。

五、大数据应用背景下维护数据安全的新思路

在大数据时代,各种场景下的设备都在记录和收集个人的行为信息,这些信息被记录下来后并打上标签,可能被识别到具体个人身份,带来了较大的安全隐患。目前,由于技术的发展和成本的降低,不再只有国家机构才有能力大规模地收集和分析数据,私人或企业也具备了这样的能力。

在大数据时代,如何合理、合规地使用大数据,为金融机构带来切实的好处?对此,有以下3条思路。

(1)制定隐私法。当前,互联网行业对个人隐私的侵犯及对个人隐私数据的

使用较为普遍。对于法律制定者而言，要从大数据应用的维度去认识隐私权，防止数据隐私遭受泄露甚至侵犯。值得注意的是，隐私法意在防范数据滥用及非法使用，而不得遏制数据的合理使用，以建立大数据应用秩序。

（2）数据使用权。很多情况下，企业在未经授权的条件下使用个人数据，甚至出让数据使用权，因此，要规范数据的使用和转让，明确数据使用权，避免数据的非法使用和转让。

（3）遗忘权。中国人民银行征信记录中五年前的信息无法查询即是"遗忘权"的一种。对不同种类的个人数据的可利用时间应该进行细化，避免后续可能的法律争议。"遗忘权"也可激励数据使用者在有权限的时间内尽力挖掘出数据的价值。对于企业而言，在使用数据信息的同时也要担负起自身责任，在特定时间后消除数据，以最大限度地降低数据安全威胁。

第三节　利用大数据实施反欺诈检测

互联网金融在蓬勃发展的同时，面临着更多的风险管理方面的挑战，对风险控制与反欺诈检测有着极为迫切的需求。

一、互联网金融反欺诈检测的特点

金融欺诈在全世界范围内十分常见。金融欺诈案件既会使银行产生资金损失，又威胁到客户的财产安全，影响银行信誉。金融欺诈多发生在信用卡、贷款、金融凭证等业务领域。以信用卡业务为例，规模经济带来的客户参差不齐及透支消费等问题，造成在信用卡业务领域，欺诈风险尤为严峻。信用卡的欺诈主要包括伪冒申请、未达卡、失窃卡、账户盗用、恶意套现、网上支付犯罪、涉外卡犯罪等。针对不同的欺诈场景，目前主要通过基于规则的实时交易监控、行业黑名单、异步监控和复审、离线分析和调查、联合公安机构打击等方式，来控制欺诈风险。

在互联网金融领域，欺诈风险的防范及处理尤其要放在显要的位置。例如，在线支付一般基于非面对面的方式来完成金融服务，在一些外卡支付中存在无卡交易欺诈（CNP），只要有卡片信息和CVV码就可以支付，因此需要更加关注客户资金安全。

由于互联网金融及移动技术带来的便捷性，使得通过互联网发生的小额交易更加频繁。同时，用户在互联网上的行为被数据化地记录下来，社交网站、电商、金融门户中的客户行为数据，以及通过智能终端产生的地理位置信息等，成为新的反欺诈分析数据源。在反欺诈场景下，反欺诈逻辑往往嵌入业务逻辑中，时效性要求高，需要在秒级时间内做完所有的数据分析计算，给客户以响应。由于每次调用都需实时计算，而且参与计算的数据规模极大，会涉及大量的指标运算，短时间内完成计算是一项巨大挑战。

针对互联网金融场景下基于大数据的反欺诈方法，无论在底层的数据存储技术、数据建模技术上，还是在业务设计上，都有新的变化。

二、大数据技术支撑下的反欺诈模型

（一）基于规则的反欺诈模型

该模型对每一笔交易都检测其是否符合欺诈交易规则。该模型的核心模块是由一组规则组成的欺诈规则库，其中的规则都以"if... then..."的格式组织。例如，根据黑名单判定申请是否为欺诈可表示为"if 申请人 ID 匹配到黑名单 then 判为欺诈申请"；交易反欺诈中用于判断是否为欺诈交易的规则为"if 单笔消费金额大于或等于 80 000 元 then 判为欺诈交易"。欺诈规则库一般包括三大类规则，即黑名单规则、针对不同持卡人信息的相同规则和针对同一持卡人短时间内信息的不同规则。

基于规则的反欺诈模型系统流程一般为以下方面。

第一，使用欺诈规则库检测所有的交易，如果触犯检测规则，则生成警报。所有规则检测完毕后，进入欺诈规则评分模块。

第二，欺诈规则评分模块对欺诈规则库中的每条规则都指定一个欺诈分数，即一旦符合规则便记录对应的分数，对于申请或者交易，只要其触犯规则，便对其进行标识，并将触犯规则的欺诈分数汇总作为总欺诈分数，之后进入欺诈判断模块。

第三，欺诈判断模块判断欺诈规则评分是否达到欺诈临界分数，若达到，则进入欺诈调查队列，由欺诈调查员通过线上、线下等方式进行欺诈调查；若未达到，则返回正常流程队列，不在反欺诈系统中停留。

第四，对进入欺诈调查队列的记录进行欺诈调查。若误判，则返回正常流程队列；若评判无误，则送入欺诈黑名单库。

信用卡领域的交易欺诈侦测系统（PRISM）被广泛使用。PRISM提供较为灵活的监控模型配置。风险控制专家可根据实际风险自行定义规则，并能根据欺诈风险状况的变化进行调整。规则的主要要素包括以下方面。

①交易信息：MCC分析、交易类型区分、POS输入模式、POS条件码、终端、商户号、国家代码、交易时间等。

②卡片使用情况：基于一段时间的交易次数、基于一段时间的交易金额、频繁的转入转出交易套现洗钱监控、高风险国家提示等。

③持卡人信息：姓名、产品类型、开卡时间、额度、余额、还款时间等。

④突发事件：如密码的修改。

⑤商户信息：行业黑名单。

由于该模型主要采用静态规则，因而稳定性较好，只要预先设置好，系统极少需要调整。但模型规则库中的规则是根据已知的欺诈类型设置的，因此对新出现的欺诈类型无效。

（二）基于人工智能的反欺诈模型

随着互联网金融的迅猛发展，面对数据来源多、格式复杂、业务复杂的趋势，依赖专家经验的基于规则的反欺诈模型已越来越力不从心，而基于人工智能和分析模型的反欺诈模型快速发展。

基于人工智能的反欺诈模型较为常用的方法包括以下几种。

1. 神经网络算法

神经网络算法得到广泛应用，基于其几个突出的优点。

第一，神经网络可以模拟几乎任何的非线性关系。无论是线性回归还是逻辑回归，其最终的理论基础都建立在因变量（或其派生变量）和自变量之间存在的线性关系上，然而现实中并不仅仅是线性关系，更多的是非线性关系。

第二，神经网络采用并行分布处理方法，使得快速进行大量运算成为可能。

第三，神经网络可学习和自适应未知系统。因为神经网络是模仿动物神经元的操作，所以它的自学习能力非常强，可以通过对数据的不断学习掌握未知系统的结构或模式。

第四，神经网络能够同时处理离散变量和连续变量。神经网络可以对离散变量和连续变量的输入进行自适应，不需要经过特殊的转化就可以对数据进行处理。

基于神经网络的反欺诈模型系统比较复杂，需要在系统建设初期投入较大的工作量。但是该系统的应变能力较强，具有自训练网络模型的功能，可以很好地识别新的欺诈类型。

2. 离群值分析技术

作为一项创新技术，对于全新的欺诈类型或新的财务支付类型，离群值分析技术可以非常有效地区分出正常行为与异常行为，无须提前接受训练。离群值分析模型在处理真实数据时对其进行观察，随后建立自身的权重特征，是应对新渠道、新区域或产品时的理想模型。如果客户行为发生变化时，使用这项技术不仅能够提高欺诈检测的准确性，而且可以加快欺诈检测速度。

对于每一次柜面交易或线上交易，离群值分析模型会对其欺诈风险进行评估打分，其分数区间为1~999，分数越高，说明该交易对应的账户被欺诈使用的可能性越高。同时，在模型中设定了账户的欺诈风险分数的阈值，一旦分数高于该阈值，该账户会被定义为可疑账户，需对其进行进一步的盘查或者立即终止其账户行为。可将欺诈风险分数高于阈值的可疑账户分为2类：一类为实际欺诈；另一类为假阳性，即账户仅出现异常行为而非欺诈。

欺诈数检测率（ADR）、欺诈金额检测率（VDR）及假阳性比率（AFPR）可以用于衡量离群值分析模型的效用。

$$欺诈数检测率 = \frac{通过模型检测出来的真实欺诈账户数}{总欺诈账户数}$$

$$欺诈金额检测率 = \frac{通过模型检测出来的真实欺诈账户欺诈金额}{总欺诈金额}$$

$$假阳性比率 = \frac{通过模型检测出来的分数高于阈值的假阳性账户数}{通过模型检测出来的分数高于阈值的真实欺诈账户数}$$

这3个比率与模型设定的阈值相关，设定的阈值越高，假阳性比率就会越低，但欺诈数/金额检测比率会相对更低。对于模型效用来讲，期望欺诈数/金额检测比率尽可能高而假阳性比率尽可能低。

3. 基于联防联控的大数据反欺诈方法

跨行业联防联控是基于互联网思维的一套新的反欺诈风控理念。目前，大部分的互联网金融公司规模不大，难以自行搭建反欺诈体系。互联网思维的一个重要特征是互联，体现在反欺诈领域，称为联防联控。基于联防联控的大数据反欺诈方法涉及2个基本的要素，即联防联控和基于大数据的风控技术手段。

联防联控至少有 3 个维度的合作。

①全局黑名单的共享。例如，在 P2P 行业中，用户基础较为一致，面对的欺诈群体也是一致的。一家 P2P 公司发现的失信人，在另一家 P2P 公司申请借款的风险势必很高，在一些直销银行、网上信用卡的申请中，风险也较高。

②全局欺诈行为的共享。例如，一些 IP 地址曾经出现账号盗用行为，某台 PC 设备曾经在一些网站有盗卡支付行为，这些信息都可以被同行业、跨行业的企业所利用。

③欺诈模式会在不同平台上重现。例如，某电商网站遇到了一些虚假的交易，即欺诈分子用一些虚假手机号在电商网站上注册，发起虚假交易，或者为商户刷单，或者抢购一些红包。在一些 P2P 征信里，也发现了欺诈分子用这种虚假手机号码注册，申请借款的行为。这种虚假手机号有个特征就是可以接收短信，但是打不通电话，不同平台遇到的欺诈模式也有共同之处。

在跨行业联防联控的模式中，大数据作为支撑的底层技术存在。联防联控模式从大量合作站点及第三方机构实时收集数据，数据体量大、速率高，而且存在大量非结构化数据。在系统架构的设计上，针对海量数据，依赖于分布式文件系统进行数据存储。为将反欺诈策略直接嵌入用户的业务流程中，需要系统有较高的性能和吞吐量，为实时完成大量的指标运算，依赖于对热点数据使用 Key-Value 数据库做缓存，并利用流计算引擎、内存数据库等技术。随着客户数量的增多，要求系统的处理能力越来越大，所以整个系统架构应具备随时进行线性扩展的能力。

跨行业联防联控，可以通过一些公正的第三方专业公司来实现。由第三方公司牵头，为不同行业提供反欺诈服务，底层通过技术、模型、数据实现信息的共享。

第四节 创设大数据金融征信新体系

一、大数据与互联网金融相结合

金融业属于数据驱动行业。金融的核心业务没有类似实物的物理生产、存储、物流等过程，从抽象层面来看，其本身既是数据的生产者，又是数据的分析者和使用者。在互联网金融领域，大数据作为支撑技术而存在。

互联网金融发展的关键因素为风险、成本控制与用户体验的平衡。以P2P行业为例，其运营核心是借、贷资金的匹配，而借、贷资金匹配的基础是信用，其面向的客户多为小微企业和个人，产品发行者的偿债能力较传统金融产品发行者更弱。另外，P2P借贷业务通常发生在不相识的人之间，在交易之前必须了解借款人的信用状况。因而，能否获取低成本、高效率的征信信息，从而控制风险，已成为P2P行业能否进一步发展壮大的必要条件。

互联网金融业务顺利实施的一个关键点就是，借助大数据进行风险评估，增加风险的可控性和管理力度。互联网金融企业沉淀的历史数据，为征信提供了大量的数据来源，这些数据蕴含了大量征信对象的全方位信用特征（包括交易行为、交互行为等）。大数据技术可以高效、批量、实时、精确地处理这些数据以挖掘信用信息，将企业和个人信用、交易行为等信息完整、动态地串联起来，使征信的成本、效率、适用人群范围有非常大的改观。

互联网金融的一个突出优势在于，能为广大客户提供个性化金融产品。但是，金融产品的销售有其特殊性：第一，金融产品较为复杂，不同的产品会吸引不同的目标人群；第二，金融产品的客户群具有高度的分散性，不同的客户对金融产品的需求存在差别；第三，金融市场富有多变化。

这些特性使得金融机构在服务上对用户的实时行为数据的依赖性比其他行业更大，且分析方法更加复杂。一个可行的方法就是借助大数据分析来实现更加精准的客户画像，从而开展差异化经营。信息化时代，每个人都免不了在网络上产生各种记录，如购买信息、位置信息，甚至在社交网络上更新的个人状态信息等。通过对这些数据的挖掘来判定一个客户的信用值，或者根据这些大规模的数据对客户进行分类和聚类，从而为客户量身定制个性化服务。

对于金融机构而言，在大数据时代，成本是一个非常重要的日常经营考量指标。以往企业在数据挖掘和分析上需要较高成本，甚至需要建立大型数据仓库。这些数据仓库依赖于昂贵的专业商用软件，如Oracle等，运行在高性能、高成本的硬件（如IBM的小型机、EMC的存储器）上。在大数据技术的强大支撑下，大量的企业开始将数据分布在低成本的服务器集群上，利用分布式数据库及算法来处理海量数据。

二、大数据技术支撑下的征信管理

(一) 基于大数据的征信特点

大数据时代信息的多维爆发式增长为社会信用体系的建设带来了新的发展机遇。

小微企业及个人征信的特点是贷款的金额往往相对较小,贷款的人数基数较大,对贷款审核的时效性要求较高等。

这些特点决定了针对小微企业和个人的征信更加依赖于基于数据分析的方法,以提高征信效率和降低征信成本。目前,我国传统金融机构的信用评分模型的典型数据主要源自以下几个方面:一是中国人民银行征信系统的信用数据;二是企业或个人客户的申请资料和财务资料、企业或客户的历史贷款和还款情况记录;三是其他第三方可获取的信息。通过决策树、逻辑回归、神经网络等算法,对这些数据进行统计分析,挖掘潜在客户特征与目标客户特征之间的关系,并发展成为预测模型,由此预测客户的信用表现。同时,结合工作人员进行线下尽职调查,了解客户是否有真实贷款意愿、信用状况等。

互联网金融的发展对征信提出了以下需求。

一是面临服务更大客户群的需求。过去银行等金融机构在传统征信服务数据覆盖度有限的背景下,所服务的目标客户往往集中在高价值客户上。传统理论认为,企业的利润在很大程度是由 20% 的高价值客户创造的。但从长尾理论来看,以低成本获取最大的客户群,小众客户对于利润的贡献也是巨大的。

二是追求极致客户体验,对信贷审批时效性的需求。互联网金融业务主要由计算机处理,突破了时间和地域的约束,在互联网上实现金融服务。在此模式下,通过线上办理业务的比重逐步增加。例如,未来的银行账户开户可能在远程进行,信用卡的申请、审查也会在极短的时间内在线上完成。这些都对当前的征信模式提出了更高的要求。

金融机构通常凭借政府收集的信用数据与个人验证信息进行信用评估。中国人民银行搭建的征信体系中,有征信记录的约 3.2 亿人,还没有覆盖到所有人群。中国人民银行征信数据主要来源于银行,征信中心的数据包含身份信息、信用卡、贷款、住房公积金、民事刑事诉讼、行政处罚等简单的公共记录数据,而对于较年轻的互联网客户,缺乏其与金融机构的交互信息,无法完整描述这类人群的个人信用状况。

传统征信方式是线下尽职调查,主要针对企业。对企业信息的核查比对个人信息的核查更加复杂,需要通过尽职调查核实企业的收入、生产等多个方面的信息。但线下尽职调查的人力和时间成本巨大,业务时效性及处理能力都难以符合互联网金融的要求。

因此,基于大数据的征信应运而生。大数据时代下,征信可以使用的数据更加丰富。网络用户有大量的信息被记录下来,如社交网络的信息、网站购物的信息等。与传统征信方式相比,互联网使得征信系统获得信息的难度和时间成本大大下降。应注意的是,基于大数据的征信是完善和补充传统征信体系的积极尝试,而不是替代品。在未来的很长一段时间内,传统征信与互联网金融企业基于大数据提供的征信服务会是一种互补关系。一方面,大数据分析技术对传统征信尚未覆盖的领域进行延伸,提升征信服务的范围;另一方面,传统征信创造的失信威慑环境,有助于缓解大数据征信精准性不足的问题。客观地讲,当前这些数量巨大的社交媒体数据或非结构化的行为数据,能否应用到金融行业之中,还需要较长时间的验证。

(二)基于大数据的征信新方法

基于大数据的征信新方法并不是对传统征信方法的颠覆,而是通过大数据的思维和技术,对传统征信难以覆盖的部分进行有益的补充,使金融机构对个人信用的判断更为全面和准确,成为其判断个人信用程度的关键参考。

基于大数据的征信新方法中,数据来源广泛是大数据时代征信与传统征信最大的不同。对于征信对象来说,传统征信方式关注或者说可以获取的信息内容主要包括:①用户基本信息,如姓名、住址、职业、收入等。②借贷信息,如房贷、助学贷款、信用卡记录等。③消费信息,如网络支付信息、消费频次等。④公共信息,如税费缴纳情况等。

在互联网金融背景下,大数据征信的数据具有以下特点。

第一,数据来源更广。一方面,有大量来自于第三方网站的信息可以作为新特征变量辅助征信决策过程。例如,在购物网站留下的购物数据,在社交工具上留下的社交信息,甚至在论坛上留下的一则回复,在搜索引擎上的一次查询,都可以视为用户的特征。在用户申请服务的过程中,社交网络平台可以通过 OAuth 等授权协议,开放其社交网络账号的数据给金融机构用于征信。另一方面,在金融机构自有的渠道中，用户通过营业部、网络或客服中心和金融机构进行的任何接触所留下的信息被数据化保存下来，如用户在网站的每个页面停留的时间、填写表单的中间过程、IP 地址、设备号等，这些信息都可作为辅助决策的变量。同时，从中国人民银行征信中心及公安网等其他第三方渠道购买的数据，也是最重要的征信数据来源之一。

第二，数据种类更丰富。数据不仅限于过去的结构化数据，而且包含了反映人与人之间关系的社交网络等非结构化数据。例如，某征信公司的征信产品，其人脉关系是一个重要的维度，好友的身份及跟好友的互动程度被认为是评估个人信用的核心参数。

第三，数据时效性更强。互联网时代，用户行为被数据化的程度越来越高，智能设备、社交网络等以过去前所未有的速率产生数据。一些新的被用于决策过程的变量，与事件发生的时间越接近，其价值就会越高。因此，需借助大数据技术，提高在有限时间内快速处理大量数据的能力。

大数据征信与传统征信的合作空间巨大。一个人的信息分散在各处，需要建立一种共赢机制来促成数据格式的统一、机构之间数据的交换、公共信息的开放（法院和公安信息）等。同时，人们对大数据的应用仍存在很大的质疑。目前，基于大数据评级发放贷款，关键问题在于缺少验证数据的支持，模型的试错过程相对较长，成本较高，准确性较低。如果能依靠银行现有的放贷和风险数据进行校验，则对大数据征信的发展大有裨益。可见，传统征信与大数据新型征信之间的合作空间巨大，但合作不仅仅是传统征信吸收新型征信公司的数据，而且应当建立起互相依存、互相进步的关系。两者的深度合作要依赖机构之间的数据交换。

大数据征信，归根结底是基于大数据的金融数据挖掘的一类应用。其在数据分析技术上面主要的创新和挑战为：数据大，分析速度要求高，数据杂乱，总体价值大，价值密度低。

针对海量的数据源，在采样阶段，主要的问题在于平衡采样数据量与分析难度。数据采样量越大，越不容易产生偏见，但会增加分析的成本。大数据引入了大量的非结构化数据，需要使用复杂的模式识别和机器学习技术。

相关性是大数据的一个重要特征。在征信中，将来自不同信息源、不同形式的数据联系起来至关重要。购物网站的顾客，通信工具的会员，租车公司的客户，要将这些数据准确地对应到同一个人身上，就需要进行关联。已经有个别公司开启了刷脸识别实现支付的技术；贷款人将脸部对准摄像头，系统即时拍摄照片，使用匹配算法与公安部的身份数据进行匹配，在"刷脸"认证的同时，立刻就能通过社交媒体等大数据分析，评判贷款者的信用状况，据此确定贷款额度。

目前，分布式计算、云计算为金融大数据提供了强大支持。在小的维度上，计算本身可以用一些成熟的框架快速地迁移到分布式计算平台上；在大的维度上，机构可以使用云计算方式低成本地快速租赁到大规模计算资源。存储管理平台和增量式算法使得新数据的产生和变化能实时地反映在计算的结果之中。

总而言之，大数据主要来自互联网领域，因此大数据征信的新方向应当继承互联网开放、分享、合作的精神。互联网为大数据征信平台提供大量的数据，这些数据蕴含了征信对象全面的信用特征。大数据技术可以高效、批量、实时、精确地处理这些数据，挖掘有用信息，将企业和个人信用、行为、交易等信息完整、动态地串联起来，使征信服务上升到新的高度。

第五章 大数据驱动下的区块链金融新模式

第一节 区块链的基本理论

区块链这个词初听起来觉得深奥难懂,人们除了知道区块链是比特币背后的核心技术之外,很难从字面上知晓更多的信息。区块链实际上是一种新型的去中心化协议,能提高数据存储的安全性,防止数据伪造、篡改,可以自动执行智能合约,无须任何中心化机构的审核。

一、区块链的界定

对于区块链的界定,学术界存在多种观点。从狭义的层面来看,区块链实际上就是比特币的底层技术设施。但历经多年的发展演变,区块链脱去了比特币附属品的身份,成为一种应用广泛的新兴技术。当前,区块链的价值已在比特币上得到充分体现。

在技术上,区块链就是建立在共识机制基础上的具有去中心化特点的公开数据库。其中,共识机制是一种特殊的算法,对于维护数据一致性至为关键;去中心化则意味着区块链中的各节点并无好坏差异,而且每个人皆能平等参与区块链网络;公开数据库有助于保证数据不被篡改。

在价值上,区块链实际上就是用于传递价值的互联网络。比特币区块链能促进比特币的自由流动,其突出优势就在于能保证比特币不被冒用,进而维护比特币的市场秩序。从这个角度来说,区块链是记录价值、传递消息和价值本身转移的一个可信账本。

当前，基于区块链的系统主要有以下4个特点。

（一）基于区块链的系统是分布式的

区块链具有全球化特点，其系统中的某一节点是运行于海洋中的一个孤岛上还是在美国某一小镇的服务器上，只是在网络连接速度上体现出一定的差异性，其他各个方面都不会存在区别。区块链并无中心节点，数据分布式地存储在各节点上，哪怕多数节点已不复存在，只要仍然保留一个节点，就足以实现整个区块链数据的恢复。

（二）基于区块链的系统是自治的

区块链也体现出自治性特点。一方面，区块链中的所有节点都具有对等性，各节点可加入区块链系统中，也可随时脱离系统，而这并不会对整个区块链系统造成影响。各节点遵循同样的规则，而且不会受到其他节点的干涉。另一方面，在区块链系统的运行过程中，可自行生成区块，保持数据同步化，并不需要人力控制。

（三）区块链是遵照合约执行的

区块链是遵照合约执行的。一方面，每一节点要遵照原有的规则执行，如果做出有违规则的行为，就会被淘汰；另一方面，智能合约是一种可程序化的合同条款、规则或规定，包含在每个交易中，交易验证时必须先运行智能合约，只有通过了验证的交易才能被接受。

（四）区块链的数据是可追溯的

公开透明是区块链数据的一大特点。在区块链系统中，数据是无法更改的，可以保证数据的真实性。同时，数据之间具有一定的关联性，从而保证数据是可追溯的。例如，在比特币区块链中，每一枚比特币都并非凭空产生的，而有特定来源，既可追溯上一个交易，也可追溯下一个交易。基于区块链的公开性，所有人都可查看代码，而且也有权对代码做出修改，但修改后的代码需要经过开源社区上其他程序员的审核，代码的可追溯性也是区块链可追溯特性的突出体现。

二、区块链面临的技术挑战

2016年区块链的概念作为数字货币的关键技术得到了大众的关注。也正是进入2016年后，区块链成为年度各大领域讨论的关键性话题。因为，虽然很多人对区块链并不是十分了解，但是该技术对于金融业、医疗行业、公证、通信领域等都有十分广泛的融合，区块链技术对这些领域的发展将产生不可估量的作用。但即便如此，区块链依然存在一些不可避免的技术挑战。具体来讲，区块链面临的技术挑战主要体现在以下几个方面。

（一）技术本身的特性受限带来的挑战

当前，很多人认为在所有行业中都可以找到区块链的踪迹，认为区块链是一个高度互联的、十分高大上的新型名词，但是根据当前的实际情况来看，区块链并没有非常成熟地应用在各个领域中。区块链在当前仅仅是处于初步探索时期，呈现一个比较原始的状态，这就好比是汽车出现之前的马车一样，虽然已经具备"车"的雏形，但是依然没有发展到更加成熟的阶段。区块链的交易速度极慢，提高单位时间的交易量，是区块链广泛应用的一个突出问题。

（二）技术进入门槛限制带来的挑战

区块链技术本身就是一个非常复杂的技术，它涉及密码学、计算数学、人工智能等诸多跨学科、跨领域的一些前沿学科，一些普通的工程师是很难在短期内去完全掌握它的。要知道，对于一个新鲜的事物，往往是了解起来容易，真正掌握并将应用它的时候却发现很难。区块链亦是如此。

（三）场景应用受限带来的挑战

当前，很多在区块链方面研究的专业人士正在开发区块链的应用场景，一般可以将其应用场景分为虚拟货币类场景、记录公证类场景、智能合约场景、证券应用场景及社会事务场景等，这些场景或多或少地涉及区块链的应用。然而，我们会发现，这与人们的现实生活相疏离，导致区块链缺乏广泛的应用性。换言之，现阶段的区块链基本上为高端人群与企业所应用。基于区块链是以互联网协议为技术的，如果没有一种庞大的用户群作为发展基础的话，区块键在未来的发展前景将会受到极大的限制，将很难突破大众、主流市场。

余额宝是我们都熟悉的一种金融工具，但在余额宝创建之初，其发展是站在了阿里巴巴支付宝的"肩上"，从而使得普通用户规模得到快速增长。而区块链也应当借鉴余额宝的发展方式，这才是区块链发展并颠覆世界的真正起点。但就目前情况来看，区块链还没有找到合适的"肩膀"。

（四）安全性问题带来的挑战

从互联网角度来讲，在任何情况下，都不能够轻信一个系统是绝对安全的。

区块链同样如此，虽然要攻破区块链系统，必须攻击高于50%的节点，攻击者可将攻击对象转换为攻击使用的个人，如侵入个人的钱包，因为用户与钱包之间的别名身份在匿名性缺乏足够的安全性，而且区块链交易公开、透明，这便为图谋者提供了可乘之机。因此，区块链的安全问题也是一个巨大的挑战。

（五）扩展性问题带来的挑战

区块链本身是一个非常难以预测的系统，不论是其商业模式还是技术创新，当扩展到一定数量级的时候，由谁来承担责任就会成为一个难以解决的问题。

（六）性能方面的问题带来的挑战

数据在区块链上确权的问题实际上是由资源本身的特点所决定的。现实中竞争性资源可以放到区块链上进行交换，而数据型的、知识型产权，非竞争性资源反而不适合在区块链上进行交换。

（七）监管方面带来的挑战

智能合约本身是一个不以人的意志为转移、进行自动执行的合约，并且一旦开始执行便会无法终止。因此，这个时候就需要由第三方角色对智能合约进行审查。随着智能合约应用范围变得更加广泛，对智能合约的创建和审查的需求也逐渐增加，由此诞生出新的行业。一旦有不法分子利用逻辑漏洞来破坏智能合约，产生破坏性影响，随之便会形成一些法律和监管方面的问题。当前，尤其是金融行业属于高监管行业，区块链技术应用于金融行业，将在全球范围内催生一个监管难题。因此，当前针对区块链技术结构，应当研发出更新的风险管控技术和应急措施，这也是区块链技术的一大挑战。

总而言之，区块链的发展前景是十分光明的，对于各领域发展的促进作用是不言而喻的，但是要想借助区块链技术快速推进各领域的持续快速发展，所面临的技术挑战依然是当前研究的重点方向，也是迫切需要解决的关键问题。

第二节 区块链对金融业的影响

一、区块链为共享金融奠定基础

在当前发展环境下，共享金融对于金融业的发展具有巨大的促进作用。在讨论共享金融之前，首先要讲的是共享经济。在过去，解决公平问题往往是靠平均分配来实现的，但是随着时代的变迁，平均分配已经不能让人信服，因此，多劳多得成为解决公平问题的又一方式。但这种解决方式是建立在正经济的情况下实现的，如何在负经济的情况下依然实现公平公正呢？随着经济体制的不断变化与发展，原有的"平均分配""多劳多得"已经不能适应新问题。因此，老套路理论也无法真正解决新问题，对此，创新则是必然的。共享经济就是一个很好的途径。共享金融则是共享经济发展的典型表现。

准确来讲，共享金融就是通过信息与网络时代的金融技术与制度创新，构建以资源、要素、功能、利益共享为特征的金融发展模式，促进金融资源的公平配置，维护金融消费者的主权，凸显社会经济的共享特色。简言之，共享金融强调普惠性，关注用户体验，从而创造共赢局面。

区块链为实现金融资源人人共享奠定了基础，如图 5-2-1 所示。

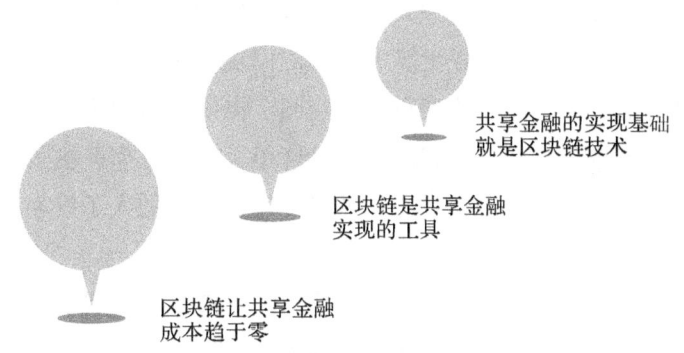

图 5-2-1 区块链为实现金融资源人人共享奠定基础

1. 共享金融的实现以区块链技术为依托

当前，金融活动中的话语权掌握在中介机构手中，如银行、第三方支付机构等。金融的核心就是实现资金资源的合理分配，有效把控金融风险。因此，这就对金融中介提出了更高的要求，即必须专业化。互联网为线上金融交易提供了技术和平台支持，其中区块链技术对于风险控制发挥着至关重要的作用。区块链凭借其去中心化的特点，为共享金融实现金融的人人共享奠定了坚实的基础。

2. 区块链是共享金融实现的重要工具

在一定程度上，区块链可以看作一种实现共享金融的工具。有了区块链，才能够充分地揭示金融作为信息行业的本质。其实金融本质上就是一个信息行业。这主要是因为有人对金融的利润来源进行过研究，发现90%的利润是从信息收集、分析、处理的过程中获得的。在过去，即便是产生了大量的数据信息，但是由于创新技术的匮乏，使得这些数据信息不可得、不可用。然而，在区块链技术基础上，这些数据变得可得且可用，可以通过收集金融交易过程中的数据信息来判断用户的信用度，以及给用户提供量身定制的金融产品和服务。同时，互联网、区块链技术的深入应用，在很大程度上降低了金融交易的成本，促使共享金融惠及普通大众，众筹、网贷就是共享金融的典型，这让更多的人从享受共享金融服务的过程中获得实惠。

3. 区块链让共享金融成本大幅降低

基于互联网的应用，共享金融彰显了金融的普惠性和便捷性，这在很大程度上得益于区块链成本低、效率高的优势。

金融服务无非就是满足广大用户3个方面的需求：投资、融资和支付。对传统金融而言，往往在这3个业务上设有较高的门槛，这是因为如果不设门槛或者低于这个门槛，金融机构就无法获得盈利空间。但如果借助区块链技术发展共享金融，那么这个难题便会迎刃而解。区块链使得各个节点拥有权限的参与方通过多重签名的方式对相关的金融信息进行共享，减少额外的人工成本，并且有效提升整个业务的协作效率。

当前在投资、融资和支付领域，虽然基于区块链技术的共享金融才处于发展的初级阶段，但庆幸的是，共享金融已经成为金融领域的一种发展趋势，并且已经超乎预料地呈井喷式发展。总之，区块链技术深刻影响和变革了人们的生活，尤其是未来人工智能时代，金融领域必将在区块链的帮助下推动金融资源向着更加公正、公平的美好方向前进。

二、区块链推进信用生态圈的构建

金融信用对于银行而言至关重要，这种重要性具体体现在两个方面：一是银行必须确保存款人是自由取款；二是需要贷款人确保按时、如数归还本金和利息，这样才能创建健康、有序的金融发展还款，以保证银行实现可持续发展。然而，仅仅将企业和个人信用进行整合还是不够的，更需要建立起一种金融信用生态圈，才能从真正意义上保证金融业更好地发展。区块链技术则是一个很好的构建智能金融信用生态圈的武器。

（一）构建金融信用生态圈应具备的特征

1. 能更好地满足不断变化的用户需求

这些用户需求包括交易需求、支付需求、投融资方面的需求等。因用户风险偏好具有变化性，而且其资产状况并非恒定不变，因而金融信用生态圈不是始终如一的，而是体现出明显的动态性，这样才能与用户的动态需求相匹配，才能更满足用户的动态需求。

2. 能有效整合大量数据

基于互联网技术的应用，一些企业纷纷设立信息系统，同时也获得了大量数据信息。然而，行业内部及各行业之间在数据统计方面缺乏统一规范，数据整合与提取能力偏低，这就导致企业所产生的大量数据所包含的巨大价值很难被利用和体现出来。对此，在新的信用生态圈中，应当有这样一个整合者，可以将所有的零碎数据信息加以收集、分析、处理，并最终进行有效整合，形成一个系统的、完整的、有机的大数据库。

3. 信息安全需求日益增强

随着互联网与大数据技术的广泛应用，个人、企业都在不同程度上受到信息安全的威胁，信息安全被提到了前所未有的高度。现阶段，信息系统建设工程向前推进，信用系统在维护信用安全方面的价值备受重视。信用系统功能的完善，是新时期金融发展的需要，只有这样才能在支持用户信息资源共享的同时，确保用户信息的安全存储和有效隔离。

（二）区块链建立金融信用生态圈

1. 区块链动态记录交易信息、支付信息、投融资信息

区块链采用了"分块"记录的方法，将发生在某一时间段内的交易打包成一个"区块"，每个"区块"与其前后所链接的区块按照时间顺序进行排序，每隔一段时间就会产生一个新的区块，将一个区块与其上个区块及下个区块链接起来，这样就形成了"区块链"结构。我们可以发现，区块链的构成是一个动态的、实时的信息记录堆积的过程。这些实时记录的信息，往往能够反映不同时段用户的动态需求，有助于金融企业快速制定实时、动态响应用户需求的金融产品。

2. 区块链数据可进行再开发利用

区块链是比特币的底层技术，本质上是一个去中心化的数据库，像是一个数

据库账本，里边记载着所有的交易记录，其本身就是一种对数据的整合过程。因此，它是能够满足金融信用生态圈构建需求的。

3. 区块链确保信息不被篡改及安全性

区块链借助 PoW 共识机制来确保只有合法的区块才能够添加进来。某一区块得到验证，具备一定的合法性，才得以永久存储，具有不可篡改的特性，这样就确保了金融信用安全的提升。

由此可见，区块链对于金融业的发展具有颠覆性影响，对于人工智能时代金融信用生态圈的建立具有重要意义和现实意义。

三、区块链促进银行业客户信用体系的构建

区块链本身具有去中心化、去中介化、无须信任系统、不可篡改、加密安全、匿名等特点，这些在交易支付领域都是不可多得的优点。另外，区块链的这种无须信任的点到点模式，意味着商业银行原本作为重要的支付中介和信用中介的必要性已经大幅降低，在一定程度上削弱了传统商业银行在货币创造过程中原本应当发挥的作用，进而对其存款和信贷领域也产生了巨大的影响。

信用本身将会对社会资源的配置效率产生巨大影响。在银行业，一旦数字货币完全取代现金，那么传统意义上的银行网点也将失去了其存在的价值。然而，发行数字货币并完全取代现金还是需要一定的时间的，并且需要移动数字设备作为硬件支持，还需要解决数字身份证及隐私保护等诸多问题才能真正实现。因此，银行业可以有足够的时间去探索应对信用风险的方法。

（一）大数据影响银行客户信用体系的构建

在银行客户信用体系建设中，传统的中心化处理数据的模式存在一个突出问题，就是在信息收集成本受限的情况下，银行对客户信用进行评估时所用的数据极为单一，主要是以结构化的经济数据为主，往往在获得客户评估结果时效率较差，并且得到的客户信用评估结果基于数据的原因主要是聚焦于正态客户，对于那些长尾客户的关注则显得极为缺乏。

不同的传统银行在进行信用评估的过程中所使用的数据往往涉及客户个体社会生活的各个方面，包括网络消费与交易、个体通信数据、交通地理归案、网络社区记录等。随着科技的不断进步，尤其是大数据的不断发展，使得数据成本大幅降低，并且个体生活也变得越来越趋于数字化。因此，那些在过去没有被纳入

银行客户数据的信息正受到征信评估的广泛重视。

与传统银行业通过现场调查等方式收集客户信息的方式相比较，大数据征信具有非常明显的成本优势。大数据已经突破了基本经济的数据范畴，从客户行为入手，作为数据收集的来源之一，在很大程度上为改善信息不对称提供了新的资源；大数据应用下的客户数据易于收集、成本低，深受金融机构的关注。与现场调查和实验渠道获取数据的方式不同，通过对客户行为所产生的数据进行收集，所获得的数据实际上是"田野观察数据"，从某种意义上来讲，是不受主观因素干扰和影响的。因此，在银行业务的开展过程中，借助大数据实施客户信用评估已成为必要选择，大数据的价值日益凸显。

然而，在信息化时代，人们生活的方方面面都会产生海量数据，由于数据来源于传播具有一定的差异性，就造成了各种虚假、欺骗信息充斥其间，这就使得银行在进行客户信用评估的过程中遇到严重的干扰。数据信息泛滥及数据的可操纵性，导致数据信息问题更加突出。海量数据的价值甄别将给银行带来巨大的成本代价，数据灾害也给银行客户信用评估带来严重的阻碍。

(二) 区块链认证模式影响银行客户信用体系的构建

区块链可以解决数字世界中的认证问题。扁平化数据的生成、数据资源共享，使得原本的信息不对称问题得以解决。另外，区块链本身具有数据授权的优势，这样就保证了数据的不被篡改，同时也克服了大数据在应用过程中出现的隐私问题，使得大数据具有开放、共享、透明的特点。

目前，信用评估市场呈现出活跃的发展局面，掌握信息技术与平台优势的机构发展势头迅猛，力求掌控整个市场。因此，在这种环境背景下，银行作为传统金融的关键机构，更迫切地需要转型。借助区块链技术可以帮助银行快速实现客户信用体系的构建。

(三) 基于区块链构建的银行客户信用体系的优势

区块链技术应用于银行客户信用体系的构建，具备以下几个方面的优势，如图 5-2-2 所示。

1. 改善征信成本

基于区块链技术的应用，信任数据得以分享，促使数据虚假问题得到缓解，使征信成本大幅降低。

2. 拓展信用评估的覆盖范围，扩大客户群体规模

利用区块链技术还可以收集在传统模式下无法通过调查等方式顾及的所有客

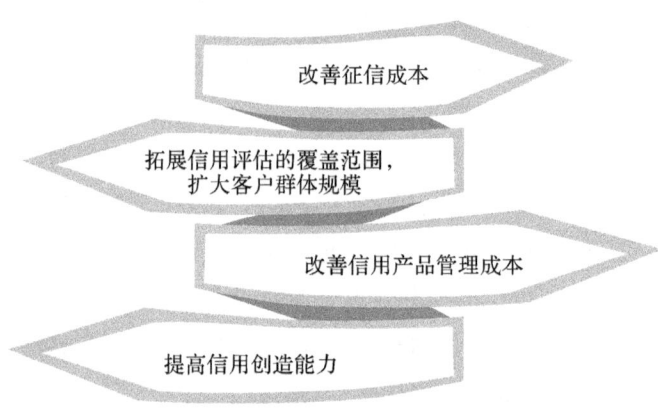

图 5-2-2　基于区块链构建的银行客户信用体系的优势

户群体的数据信息,同时可以针对特殊群体,即那些没有注册银行账户,但是能够与互联网接触的人群,对其展开信用评估,这样就可以很好地扩展信用产品服务的对象范围。

3. 改善信用产品管理成本

区块链可以使得信用的评估、定价、合约等能够自动执行与管理,无须额外的人工参与,这样就极大地降低了信用产品管理的成本,同时还能大幅提升银行的信用业务处理规模。

4. 提高信用创造能力

区块链下的信任代码技术,可以使信用产品的全部过程都具备动态编程的能力,这样就有效扩大了信用产品的创造空间。以"智能合约"为例,智能合约就可以适用于金融领域的任何场景。

四、区块链促使金融法制的执行更加智能

法律是当前社会资源能够实现合理配置的有效机制,对社会经济的正常运行有直接的、重要的影响。一整套好的法制体系能够简化金融领域中金融供应链上各成员关系的复杂程度、节省交易成本,帮助金融供应链上各方能够更加安全、规范、有序地进行交易。将区块链技术应用于金融法制框架中,发挥法律法规与技术规则间的协同作用,能够将法律和金融更好地融为一体,使得金融法制的执行走向智能化,迈进人工智能时代。

（一）使金融领域法律约束实现低成本化和智能化

合同一直以来都是为了有效解决信任、透明度和执法问题的协议。区块链的智能合约技术实现了金融领域法律约束与执行的低成本化，并能保证合同内容的高效执行，体现出的是一种无人化智能化法制机制。

（二）对跨国金融犯罪进行智能管控

区块链技术本身具有分布式账本记录的特点，因此不但有利于金融交易信息的记录，同时还为金融监管部门提供了重要的证据线索。在区块链上存储的数据在任何时候都可以实现实时追踪和查询。基于数据的公开性与透明性，区块链为跨国金融犯罪行为的管控提供了先进的技术支持。目前，如果证据在其他国家，金融执法部门就会向国外执法请求援助，并依据国家法律条约，经过烦琐的程序，才能获得相应的证据，从而推动案件的进一步展开。因此，区块链技术有助于实现金融风险智能管控，在很大程度上提升跨国金融犯罪的执法效率。

（三）实现金融法律约束和执行的智能化

律师和其他相关法律服务机构借助区块链技术编制高品质的智能合同，在谈判阶段无须人工参与，就可以自动帮助交易双方确定交易的所有方面，减少一对一谈判的风险和摩擦，降低因合同条文内容的不完善和分歧而引发金融纠纷的可能性，以更好地实现合同的规范性、易用性、可操作性，更重要的是体现了金融法律约束和执行的智能化特点。

由此可见，基于区块链技术下的智能合约在落实金融法制的执行问题上具有极大的优势，更加完善的智能合约设计，可以使得金融领域中的各种交易行为和法律实现一体化融合，从而使得各金融机构在智能化法制约束的基础上拥有更加广阔的发展前景。

第三节 区块链金融的应用场景

一、跨境支付与结算

当前，跨境电商正处在风口期，各国对于进口食品、日用品、酒水饮料、婴幼儿奶粉等的需求推动了跨境电商的蓬勃发展。但在为各国提供更多商机的同时，跨境支付也表现出众多痛点。具体来讲，这些痛点表现在以下几个方面。

第一，手续费极高、周转期漫长。现阶段，跨境电商依靠电汇完成支付活动，其汇款周期少则 3 日，多则需要 5 日，而且中间费用较高。在我国，通过中国银行进行跨境汇款，会收取单笔 150 元的电讯费。

第二，随着跨境支付业务的大范围使用，该领域的诈骗现象层出不穷，跨境资金风险日趋严重。

第三，中间环节多。跨境交易对中介有较强的依赖性，由于跨境交易更为复杂，在付款人和收款人之间所依赖的第三方信任机构就显得尤为重要。

同时，区块链降低了跨境交易对中介的依赖性，促使跨境支付更加便捷。具体来讲，区块链在跨境支付与结算场景中的应用优势主要体现在以下几个方面。

1. 降低操作成本和费用

第一，区块链无须中转银行的参与，与此同时也无须支付中间费用。第二，因无须中转银行的参与，银行业的竞争更为激烈，导致其利润空间缩小。第三，流程更加具有透明性。

2. 安全性更有保障

基于区块链分布式账本技术在金融领域的应用，跨境支付和结算就获得了更大的安全性。

3. 交易总体速度加快

随着区块链技术的应用，银行之间的交易活动无须第三方的参与，而直接开展交易业务，由此完成实时支付，提现便捷、快速，满足了跨境电商支付与结算的及时性和便捷性需求，从整体上提升了交易速度。

二、数字票据

票据本身是一种集支付和融资功能为一体的工具，近年来受到了银行和企业的极大青睐。当前票据市场已经成为货币市场中的重要组成部分，受到了金融机构的极大重视。在某种意义上讲，票据已经成为整个经济发展的重要支柱之一。随着科技和经济的进一步发展，数字票据的概念随之产生。数字票据不同于实物票据，是借助于区块链技术，在现有票据属性、法律和市场的基础上诞生的一种新型票据展现形式。与现代的电子票据相比较，数字票据在技术架构上发生了很大的变化，但却同时拥有电子票据所拥有的优点和功能，在结合了区块链技术的基础上形成了一种更具安全性、智能性、便捷性，以及更具发展前景的票据形态。数字票据的出现给货币市场乃至整个金融领域的发展带来了新天地，这也是进入人工智能时代的一种金融创新。

具体来讲，建立在区块链技术上的数字票据具有以下两个方面的优势：一方面，系统搭建和数据存储越过中心服务器，同时也不需要中心级应用。具体表现为几点：第一，省去了中心应用和介入系统的开发成本；第二，有助于减少传统模式下系统维护成本，促进系统优化；第三，减少系统中心化带来的风险问题，这样就不会出现因为过于集中化而带来的服务器崩溃或者被黑客控制的问题；第四，有助于降低数据整理与存储成本。另一方面，使得任何交易都可以实现追踪和查询，对其中涉及商业秘密的内容进行屏蔽，起到保护隐私的作用，交易的控制方式表现出更加多元化的特点。

三、有价证券交易

证券的发行与交易的操作流程极具复杂性，处理难度大。使用区块链技术就是一种很好的解决方式，让交易流程更加公开化、透明化，从而极大地提升了交易的时效性。交易双方利用共享网络参与其中，最大限度地减少对中介的依赖，构建起分散的平面网络交易模式。这种基于区块链的交易模式在金融市场中优势突出，不失为一种有价证券交易的有益尝试。

（一）在很大程度上减少证券交易成本

区块链技术在证券发行与交易操作流程中的应用，有助于降低交易成本，促使交易流程更加快捷，更为高效。

（二）提升制定商业决策的效率，减少暗箱操作的可能性

区块链为实时准确地记录交易信息提供了技术支持，便于证券发行方掌握股权结构，并做出科学决策。同时，基于区块链的可追溯性，数据信息具备不可篡改的特性，对于暗箱操作的防范意义重大，证券交易的安全性将大大提高，进而促进证券市场的有序运行。

（三）缩短交割时间，减少交易风险

在证券交易中，区块链技术的采用，促使交易时间大大缩短，以往可能需要1天乃至3天的时间，而借助新技术仅用10分钟即可完成，有助于降低风险，加大对交易过程的控制力度。

基于区块链技术的独特优势，证券企业越来越认识到，传统的交易模式已无法满足发展需求，而纷纷开始转变发展思路，逐步强化对区块链技术的应用。现阶段，芝加哥商品交易所、我国以上海证券交易为首所组织的 China Ledger 联盟等，都进行了相关尝试。在未来，将会有越来越多的证券企业加入区块链应用队伍中，证券交易模式的革新已成为不可阻挡的发展之势。

四、股权众筹

当前，国家提倡"大众创新，万众创业"，在这一发展环境下，股权众筹成为众多投资者和创业者的机会，使其成为能够在当前竞争激烈的市场中能够站稳脚跟的基石。然而，区块链技术的出现及在股权众筹场景中的应用，也为当前众多的创新人士在发展过程中提供了一个全新的视野。

（一）区块链在股权众筹的发展领域具有极大优势

1. 公开透明、真实可信

所有的信息对于投资各方都是透明的，并且真实有效，而且信息记录是非常难以篡改和伪造的。

2. 促进股权流通和资源共享

股权转让及股权登记更加具有安全性和便捷性，在众筹平台上所有的投资人和项目都可以实现共享。

（二）区块链技术在股权众筹中的应用

1. 股权登记管理

区块链具有独特的身份账户体系，可作为电子凭证。当前现有的非上市股权管理，往往需要经过人工处理纸质股权凭证、期权发放和可换票据。一旦股权变更变得频繁，则会使得股东名册维护更加烦琐，历史交易的维护和跟踪也会趋于困难。由于区块链技术具有将一切数字化的特点，因此，可以使得股权登记变得更加安全和高效。区块链众筹股权登记借助于区块链账本的安全透明、不可随意更改、易跟踪的特点，从而保证股权变更历史得到精准记录。

2. 股权转让流通

区块链具有降低信用风险的作用。在传统的股权交易模式下，交易双方需要共同承担信用风险，双边信授对于交易活动的顺利实施起着至关重要的作用。至于股权市场交易的信用风险，则要由交易平台集中承担。而在区块链技术应用模式下，有关股权交易的相关信息都会被保存在区块链中，私钥签名对于维护交易安全至为重要。

3. 众筹合约

区块链具有确保合约履行不被篡改的特点。在股权众筹业务开展中，交易各方均应签订众筹合约，明确其中的责任与义务。这份合约可以通过智能合约的形式存储在区块链当中，借助区块链技术来保证合约履行的合法性及合约内容不被篡改。

4. 众筹联盟与数据共享

股权众筹业务的推进，通常需要多个公司的参与，这些公司一般都是独立经营的，这样就使得交易活动的各方都比较分散。而众筹联盟的作用就是将这些分散的参与者都聚集起来，从而形成一个联合的分布式交易中心。

然而，众筹联盟之间存在的最大缺陷就是各方之间缺乏信任，信任是联盟能够持续下去的必要前提。基于区块链的应用，众筹联盟将会具备更强的解决信任问题的能力。区块链技术本身就是一个去中心化的信用技术，因此，在组建众筹联盟的过程中与其他技术相比较具有得天独厚的优势。依托区块链技术而建立的信任并不为人力所控制，无论交易各方是否相互信任，交易活动依然能够顺利进行下去。每个众筹平台都是区块链系统中的一个节点，各节点都有相应的私钥与公钥。不但如此，监管机构同时也可以称为区块链上的一个节点，从而使得各个联盟之间的活动能够实现公开化、透明化。

第四节　区块链与金融大数据相融合

一、区块链与大数据共创数据神话

当前，大数据、云计算、人工智能已经成为各行各业发展及提升市场竞争力的有效武器。因此，企业如何利用大数据创造价值成为各家企业所关注的重点。目前，各领域的企业都开始全方位寻求创新技术去挖掘和利用大数据，让海量数据为企业服务，大数据成为当前市场中备受青睐的创新科技。于是，区块链作为一种新型的分布式数据管理技术，凭借其巨大的魅力吸引人们的注意，受到越来越多企业的关注。区块链从最初在金融行业中的广泛应用，逐渐延伸到政府、医疗、零售行业，目前，已经一步步成为一个能够创造巨大价值的神话。

当前，全球都在对区块链在各领域的应用进行研究和探索。为推进大数据技术的科学应用，提高大数据的新价值，基于具有公开性、透明性、真实性、准确性的特点，区块链技术已经延伸到越来越多的领域。将来区块链不仅有可能成为金融交易的基础设施，还与大数据之间在需求上有非常多的结合点，并可能会创造出人工智能时代的数据神话。

现在，国内外对区块链、大数据极为重视，也对两者在各领域的应用提出了一些要求。区块链技术具备以下4个特征：防篡改、可靠性、全网所有交易记录公开透明和去中心化分布式。区块链的本质就是建立信任、建立合约的一种方式。

而大数据在具体应用过程中则存在一些瓶颈问题，具体体现在以下几个方面。

1. 难以适应经济的快速发展

大数据作为一项创新技术受到了国家政策的极大鼓励。大数据的核心技术就是处理和分析能力，并能够将数据搬到云端，进而在云端进行更大规模的处理，提升处理速度。但即便如此，对于提升经济发展速度来讲，依然是远远不够的，还不足以支撑起一个新兴行业的诞生。

2. 免费共享问题难以有效落实

数据实际上也是一种至关重要的资产。在数据价值日益凸显的发展环境下，数据拥有方往往不愿与人共享，仅仅为己所用。因此，这就引出了大数据是私有还是公有资源的问题，以及到底谁拥有所有权、处置权、交易权，这个问题在短时间内是无法解决的。

3. 无法自证"清白"

大数据在实际应用过程中，要有完善数据资产进行流通交易的环境，而大数据交易中心却无法对其所交易大数据的"清白"进行自我证明。

4. 在法律法规的建设方面，大数据交易的监管问题还有待改善

进入大数据时代，大数据的应用更加广泛，但大数据交易的监管问题越来越突出。现阶段，对于数据收集、分析、流通及使用的各个环节仍然缺乏有效监督，数据信息被非法使用的现象大量存在，数据安全问题已成为大数据应用领域中的一个不容忽视的关键问题。

区块链为比特币提供了巨大的技术支持。区块链的基础数据结构是存放数据

的区块的,而区块与区块间则依靠哈希指针相连接,从而促使区块链成为基于各个节点共同参与的分布式对等网络,在此基础上构建起数据库架构,这种架构呈分布式,而且是可信任的,能够有效保证数据的安全性。

随着区块链技术的发展从1.0到2.0再到3.0的过渡,区块链在各个领域中的应用将会变得更加广泛。在这样的背景下,大数据得到区块链的技术支持之后,将会创造出人工智能时代的数据神话,使得大数据能够发挥出更大的价值,主要体现在以下几个方面,如图5-4-1所示。

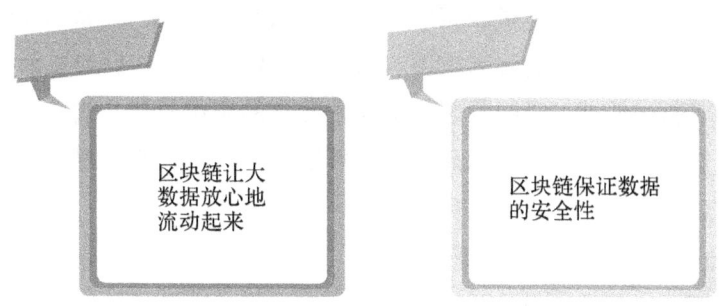

图5-4-1 "区块链+大数据"创造数据神话

1. 区块链让大数据放心地流动起来

区块链本身具有可信任、不可篡改的特点,从而使更多的数据被释放出来。

2. 区块链保证数据的安全性

数据分析的本质是实现数据价值。一味追求数据价值而忽视数据安全的做法是不可取的。对此,必须高度重视数据安全问题,一方面防止个人隐私受到侵犯;另一方面做好关键数据的保护工作,以免因数据泄露而酿出后果。

区块链对于保证数据的安全性发挥着重要作用。区块链依托多签名私钥、加密技术、安全多方计算技术维护数据安全,避免数据被篡改及泄露。使用数字签名的方式,使得只有授权人才能够对数据进行访问。基于区块链技术的运用,无须访问原始数据就可实施数据分析,也为数据共享提供了支持。

总之,大数据在各领域中应用发展到今天,虽然取得了众多令人振奋的成果,但是也面临着极大的挑战和瓶颈。然而,区块链技术的出现,使得"区块链+大数据"产生了更大的应用价值,为大数据的应用带来了新思路和发展方向,使得其应用前景变得更加广阔。

二、大数据和区块链技术下信任体系的创新

目前，大数据的应用尚处于逐步探索、不断完善的阶段，区块链数据库一旦建成，将推动大数据应用达到新的发展高度。在这个时候，所有的数据"从哪里来""要到那里去""具有什么属性"等，与其身份有关的信息都将变得非常清楚、明确，任何人都没有能力和必要去质疑其"清白"。

在人们的生活中，任何一个举动都会产生大量数据，并且这些数据信息呈突飞猛进式增长。区块链技术将渗透到社会生活的各个领域，既能保证金融支付的安全性，也能运用到去中心化的微博、租房等平台上，为人们的生活提供便捷服务。区块链将打破地域、时间限制，构建多元化的协作模式。然而，这一切都是建立在区块链具有信任特点的基础上的。可以说，区块链的出现为大数据时代重新构造了信任体系。

（一）传统交易下的信任体系

人类文明的起源是从交易开始的。人与人之间、氏族与氏族之间、部落与部落之间、国家与国家之间，一切物质、知识、技能等的交易使得人类衣食住行的内涵得以丰富，从而构成了人类生存和发展的社会环境。在缺乏稳定的交易机制和环境的时候，交易必将受阻，同时也阻碍了人类社会进步的步伐。

交易的有效、持续进行，需要一定的信任机制和体系来维持的，或者用互联网的语言建立一个信任协议。然而，这个信任可以建立在双方的基础上，也可以是多方的，一个交易社会的建立是需要一个稳定信用体系来维持的。这个体系需要具备三大要素，即交易工具、交易记录和交易权威。

在传统的交易模式下，一旦交易过程中出现争执，则由氏族、部落的领头人作为公平和公正的权威人进行调解。随着时间的推移，交易工具逐渐转为金属货币，交易记录逐渐采用纸质账本来完成，再后来记账方式就改为汇票，银行则成为权威机构。在这一发展形势下，信任关系体现在数字与账本中，国际化信任协议体系的建立，将对维护经济运行的秩序性起到重大作用。如今，每天有几千万亿元的资金流转推动全球经济的持续运行，因此，也为几十亿的消费者和越来越多的企业提供信任交易体系。电子货币信用卡的使用规模不断扩大，纸质账本成为历史，交易账本则存储于计算机中，对账本的统筹分析需要借助智能化系统来完成。

(二) 大数据、互联网革命与区块链下的信任体系创新

随着时代的变迁、科技的不断进步，大数据、互联网的出现成功颠覆了人类生活及整个社会生态。一方面，互联网的出现降低了交易成本，提升了交易速度，同时也让交易不再受到时间和空间的限制，实现即时的点对点联结，市场交易无论从深度还是广度上都有了无限扩大，从而突破了传统交易的边界。尤其是在金融领域，互联网金融及金融科技的突飞猛进让传统金融的基础设施发生了颠覆性变化，从而使得金融服务体系实现了再造。另一方面，货币呈现多样化，支付方式也推陈出新，中央银行的独立性和权威性受到了威胁，集中的账本和数据体系被黑客攻击的事件频频出现。

信任体系再造包括交易工具、交易权威和交易记录3个方面的再造。2009年，比特币成为一个全新的去中心化信用交易工具，更为重要的是区块链作为比特币的底层技术呈现在大众面前，并开始应用于除金融业之外的其他领域。

区块链凭借其价值转移与信用转移的特性得到广泛应用。在"去信任"架构下，系统中的所有参与方即便非常陌生，也可以毫无顾忌地放心完成交易和协作，并且在这个架构下，基于不可篡改的特点，所有的参与节点实际上都是在对数据库进行维护，使得所有的数据都是精准的、真实的、可以被信任的。信任对于大数据来讲，往往是最为薄弱的一项。而依托区块链建构的信任协议体系，显现出无可比拟的优势，对于社会信任体系的完善发挥了巨大作用。

三、大数据与区块链助推风控难题的解决

一直以来，风险控制都是金融领域的一个必不可少的环节。近年来，随着各种科学技术的不断出现，尤其是人工智能技术的出现，使得金融业的发展更加需要一种新兴技术有效把控金融风险，而大数据的应用提高了风控管理的科学化水平。但我们必须认识到，大数据并不是毫无缺陷的，而只能在一定程度上缓解风控问题。进入大数据时代，数据孤岛、数据篡改等问题仍然影响着风控问题的有效解决，风险事件仍然困扰着人们。因而，区块链技术的出现和应用，使得大数据和区块链很好地融合，并为风控领域带来了创新性机遇。可以说，"区块链+大数据"是人工智能时代实现破解传统风控的有力武器。

在我国的金融业中，信贷成为主要交易，并且其信贷市场规模在全球范围内居第一位。然而，信贷市场中往往潜藏着巨大的信用风险，因此，风险控制在金

融领域中起到了至关重要的作用。国家也在大力寻找更好的风控措施。在大数据出现之前，商业银行充当风控角色，这是当时最适合的风控模式。

传统的风控模式往往是以商业银行一直以来所沿用的以程控交换为主的风险管理系统。这种系统的优点是稳定性较强，但是在客户容纳体量方面却是有限的，且具有交易通信指令复杂的缺点，这就使得商业银行不能完全满足当前的投融资需求，尤其不能满足当前全国7000万家中小微企业的存贷款需求。这些需求已经远超过了传统风控模式的承压范围，并且在欺诈检测和风险监管的系统容量上也已经与传统风控模式不相适用。面对这种现状，创新就成为必然。随着数据处理需求的不断增加及大数据技术的进一步发展，商业银行作为传统金融机构的代表，更是意识到数据资产的重要性，并逐步采用以IP网络为主的大数据风险控制系统代替了原有的程控交换系统。这是一种风控系统的创新，同时也体现出大数据在风控领域中应用的重要性。

2008年，大数据以每天平均2EB（即2×1 073 741 824 GB）的数量不断增长。如此庞大的数据却让以蚂蚁金服为代表的互联网金融企业看到了其中蕴含的巨大价值。这些金融机构开始借助大数据在风控领域进行创新，并且借助互联网平台打造出了诸如"蚂蚁大脑""京东天机"等大数据风控系统。进入2013年，互联网金融得到了更加快速的发展，以P2P为代表的互联网金融企业层出不穷。但是随着P2P平台的不断出现，诸如跑路、停业、提现困难等方面的问题也随之而来，并且越发严重。尽管众多P2P平台都在极力宣扬自己的大数据风控系统有多么了不起，实际结果却往往事与愿违。由此表明，使用大数据进行风控，依然存在诸多不足，主要体现在以下几个方面。

1. 大数据无法从根本上解决数据孤岛问题

大数据无法从根本上解决数据孤岛问题，换句话说，就是没有从根本上解决数据的共享和开放问题。当前的现状是，在短期内，政府、银行、互联网企业、第三方征信公司之间是难以完全实现互联互通的。因此，数据孤岛问题依然存在，这样就使得信息不对称、不透明问题严重，由此引发大量的风险和欺诈现象。

2. 数据低质影响风控质量

在我们的生活中有诸多非结构化和半结构化数据，这些数据的特点就是实用性差、利用价值很低。以电商平台为例，每天电商平台上会产生数量巨大的数据信息，但是电商平台上往往会出现一些不良操作，如刷单等，就使得产生的数据出现了失真的情况。对于这些数据,其收集和利用的意义和价值就大打折扣,甚至毫无意义和价值。因此,应用在风控问题上,自然也就没有任何风控质量可言。

3. 数据泄露问题严重

当前数据泄露事件经常出现,虽然政府出台了很多监管条例,但是诸多不法分子钻法律法规的空子,导致数据泄露问题不断发生,因此,国家监管力度仍需进一步提升。

令人欣喜的是,"区块链+大数据"突破了大数据风控的弊端,具体表现在以下几个方面:第一,解决数据孤岛问题。监管部门对于维护金融市场秩序发挥着至关重要的作用,依靠区块链中的所有数据链条实施风险预测,从而更好地维护金融市场有序运行。第二,有助于改善大数据风控模式下数据质量低下的问题。在区块链中,每个节点都可以参与数据的检查,以保证数据的真实性。同时,基于区块链去中心化的特点,所有数据都具有不可更改性,由此规避数据被更改的风险。第三,防范数据泄露。任何节点对数据的操作都会被其他节点发现,而且要想获得各节点的关键身份信息,就必须借助私钥,保证私钥不被泄露就显得尤为重要。总之,区块链与大数据相融合,是解决金融风控难题的有效之举,是未来金融发展的一大重点。

第六章 大数据驱动下的金融模型构建

第一节 SPSS 统计模型

一、数据的搜集及 SPSS 数据文件的建立

对于银行业股票价格和财务信息之间关系的把握,必然是以数据搜集与整理为基础的。本节以金融银行类股票为例,对数据搜集及 SPSS 数据文件的建立做出具体分析。笔者收集了 20 余家上市银行类股票的价格,而且明确净资产负债比率、每股收益、净利润及增长率等有关指标。

具体的部分指标数据信息,如表 6-1-1 所示。

表 6-1-1 银行股票价格与财务指标

股票价格/元	流动比率	净资产负债比率	资产固定资产比率	每股收益/元	净利润/亿元
1.071 555 00	0.020 515	27.041 670	0.192 533	17.766 670	1.071 555 00
1.018 106 50	0.009 379	113.224 400	0.130 000	14.770 400	1.018 106 50
1.046 947 00	0.013 588	85.340 020	0.223 000	14.297 730	1.046 947 00
1.039 756 50	0.013 137	93.344 400	0.275 167	14.722 630	1.039 756 50
1.021 599 67	0.013 970	88.401 770	0.119 667	14.103 330	1.021 599 67
0.960 659 00	0.013 284	93.588 960	0.185 000	16.602 530	0.960 659 00
0.925 624 75	0.011 708	102.880 600	0.236 500	14.975 750	0.925 624 75
0.942 398 00	0.011 860	103.239 400	0.304 000	13.517 950	0.942 398 00
0.916 397 25	0.011 641	103.531 700	0.091 500	14.449 380	0.916 397 25

续表

股票价格/元	流动比率	净资产负债比率	资产固定资产比率	每股收益/元	净利润/亿元
0.875 413 75	0.010 129	112.474 600	0.172 000	13.294 650	0.875 413 75
0.900 807 25	0.009 532	127.283 900	0.260 500	12.813 330	0.900 807 25
0.881 362 80	0.009 450	133.404 000	0.324 000	11.507 880	0.881 362 80
0.890 667 80	0.008 080	128.082 900	0.111 600	12.959 120	0.890 667 80
0.862 925 60	0.009 338	236.141 300	0.190 180	11.824 480	0.862 925 60
0.863 373 80	0.009 430	117.573 100	0.284 500	11.624 500	0.863 373 80
0.849 418 80	0.010 992	107.082 400	0.347 020	10.305 200	0.849 418 80
0.863 689 00	0.010 824	105.041 700	0.111 860	12.083 760	0.863 689 00
0.857 675 00	0.011 688	110.306 100	0.184 860	10.911 340	0.857 675 00
0.874 303 80	0.009 964	98.115 880	0.306 600	11.583 120	0.874 303 80
0.884 750 00	0.010 763	116.043 800	0.374 360	10.417 980	0.884 750 00
0.896 250 00	0.009 194	97.980 650	0.115 800	11.394 800	0.896 250 00

根据我们搜集到的数据资料，下面我们要建立 SPSS 数据文件才可以进行下一步的分析和研究。

①在 SPSS 变量视图窗口中，建立变量的"流动比率""资产固定资产比率""股价"等各指标，数据类型设为"数值"，测量标准设为"度量"，如图 6-1-1 所示。

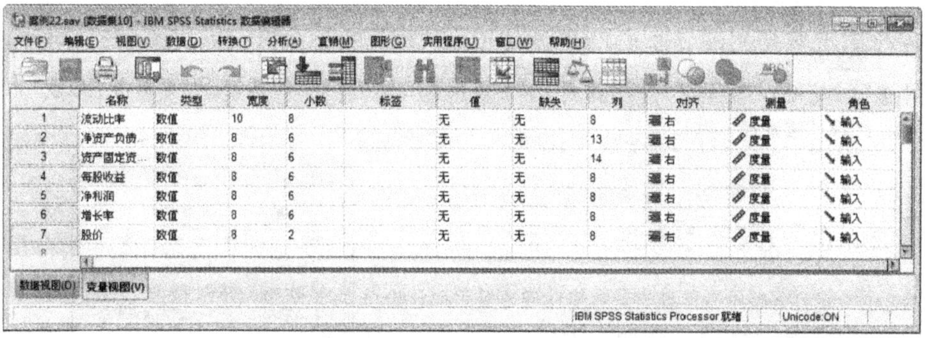

图 6-1-1　SPSS Statistics 数据编辑器窗口

②打开 SPSS Statistics 数据编辑器窗口，在活动数据文件的数据视图中把与"流动比率""净资产负债比率""资产固定资产比率""每股收益""净利润"

"增长率""股价"有关的数据录入各变量中，具体如图 6-1-2 所示。

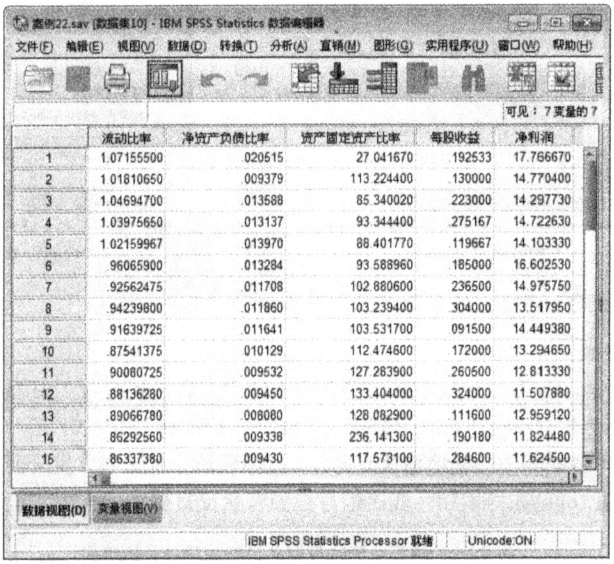

图 6-1-2　SPSS Statistics 数据编辑器窗口

二、银行业股价及财务指标的描述统计分析

（一）操作步骤

①打开数据文件，进入 SPSS Statistics 数据编辑器窗口，依次选择"分析"—"描述统计"—"描述"，在打开的"描述性"对话框中将变量"流动比率""净资产负债比率""资产固定资产比率""每股收益""净利润""增长率""股价"选入"变量"列表框，如图 6-1-3 所示。

②单击"选项"按钮进入"描述：选项"对话框，如图 6-1-4 所示。选中"最大值""最小值""范围""平均值的标准误差""标准偏差"和"方差"复选框，然后单击"继续"按钮，返回"描述性"对话框。

单击"确定"按钮，输出统计分析结果。

（二）结果分析

由表 6-1-2 可以看出，银行业上市公司各季度的股价平均值为 10.3439 元，最大值与最小值之间的全距为 13.19 元，标准偏差为 3.97 元，由此可得出，特定

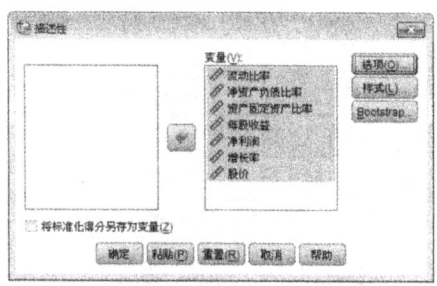

图 6-1-3 "描述性"对话框

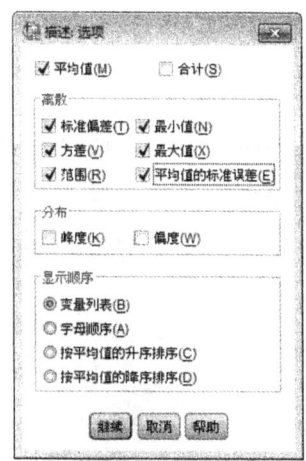

图 6-1-4 "描述:选项"对话框

时间阶段内股价呈现出波动幅度大的特点。此外,通过分析净利润指标发现,银行业上市公司最终会获得 13 亿元的净利润,这足以体现出银行业的整体经营状况。

表 6-1-2 银行业股价及财务指标的描述分析结果

	数字	范围	最小值 (M)	最大值 (X)	平均值 (E)		标准偏差	方差
	统计	统计	统计	统计	统计	标准 错误	统计	统计
流动比率	22	0.297 555 00	0.774 000 00	1.071 555 00	0.918 985 512 3	0.016 380 987 9	0.076 833 643 6	0.006
净资产负债比率	23	0.013 526	0.006 989	0.020 515	0.011 088 52	0.000 565 831	0.002 713 630	0.000

续表

	数字	范围	最小值 (M)	最大值 (X)	平均值 (E)		标准偏差	方差
	统计	统计	统计	统计	统计	标准 错误	统计	统计
资产固定资产比率	23	209.099 630	27.041 670	236.141 300	111.397 780 4	7.483 333 386	35.888 806 15	1 288.006
每股收益	23	0.298 500	0.091 500	0.390 000	0.225 058 57	0.018 799 253	0.090 158 050	0.008
净利润	23	7.461 470	10.305 200	17.766 670	13.009 793 48	0.407 439 344	1.954 010 448	3.818
增长率	23	68.552 230	-3.942 450	64.609 780	27.428 020 00	3.096 638 967	14.850 958 78	220.551
股价	23	13.19	5.67	18.86	10.343 9	0.828 08	3.971 34	15.772
有效 N（成列）	22							

三、银行业上市公司财务指标的因子分析

（一）操作步骤

①打开数据文件，进入 SPSS Statistics 数据编辑器窗口，在菜单栏中依次选择"分析"|"降维"|"因子分析"命令，将"流动比率""净资产负债比率""资产固定资产比率""每股收益""净利润""增长率""股价"变量选入"变量"列表框，如图 6-1-5 所示。

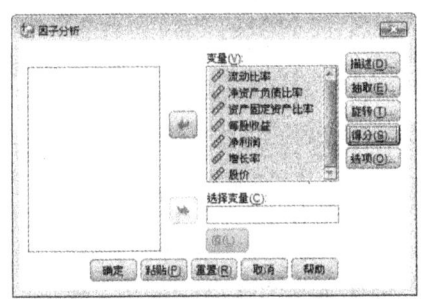

图 6-1-5 "因子分析"对话框

②单击"描述"按钮，勾选"原始分析结果"复选框和"KMO 与 Bartlett 的球形度检验"复选框，然后单击"继续"进行下一步操作，如图 6-1-6 所示。

③单击"旋转"，并选择"最大方差法"单选按钮，其他选择则保持不变，然后单击"继续"进行下一步操作，如图 6-1-7 所示。

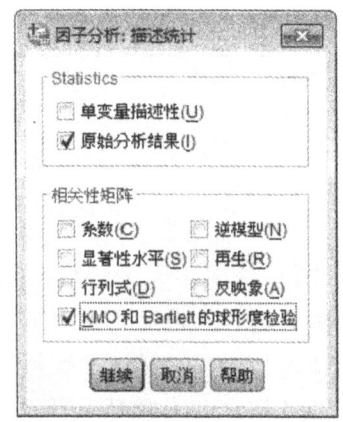 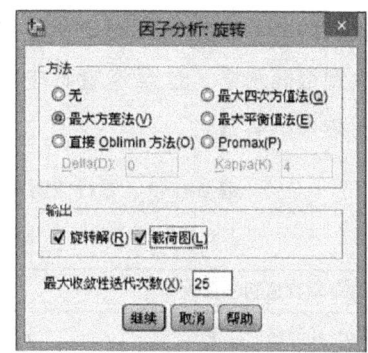

图 6-1-6　"因子分析：描述统计"对话框　　图 6-1-7　"因子分析：旋转"对话框

④单击"得分"，并选择"保存为变量"和"显示因子得分系数矩阵"复选框，然后单击"继续"进行下一步操作，如图 6-1-8 所示。

图 6-1-8　"因子分析：因子得分"对话框

单击"确定"按钮，输出统计分析结果。

（二）结果分析

表 6-1-3 展现了 KMO 和 Bartlett 的检验结果。KMO 值越是接近 1，意味着它就更适宜于进行因子分析。按照该理论，表中得出的 KMO 值为 0.743，适合做因子分析。Bartlett 球形度检验的原假设为相关系数矩阵为单位矩阵，Sig 值为

0.000，适合做因子分析。

表 6-1-4 给出了每个变量共同度的结果。该表左侧表示每个变量可以被所有因素所能解释的方差，右侧表示变量的共同度。从中可看出，因子分析的变量共同度达到很高水平，这意味着其中的多数信息都可为因子所提取，由此显现出因子分析结果的有效性。

表 6-1-3 银行业财务指标的 KMO 和 Bartlett 的检验结果

KMO 和 Bartlett 检验

KMO 取样适切性量数		0.743
Bartlett 的球形度检验	上次读取的卡方	95.892
	自由度	21
	显著性	0.000

表 6-1-4 银行业财务指标的变量共同度

公因子方差

	初始值	提取
流动比率	1.000	0.818
净资产负债比率	1.000	0.861
资产固定资产比率	1.000	0.606
每股收益	1.000	0.565
净利润	1.000	0.895
增长率	1.000	0.664
股价	1.000	0.870

提取方法：主成分分析。

表 6-1-5 给出了因子贡献率的结果，其中包括初始特征值、提取载荷平方和及旋转载荷平方和三大部分。在各部分中，"总计"代表的是因子的特征值，"方差百分比"指的是该因子的特征值占总特征值的比重。从表 6-1-5 可以看出，前 2 个因子的特征值大于 1，而且这 2 个值的总和占总特征值的 75.392%，因而在进行因子分析时可提取前 2 个因子作为主因子。

表 6-1-6 显示的是旋转后的因子载荷值。旋转后，各因子获得了明确含义。第 1 个因子与流动比率和净资产负债比率具有最为紧密的相关性，因而把流动比率作为对第 1 个因子的解释。第 2 个因子则同净利润存在最大的相关性，由此把净利润看作是对第 2 个因子的最好解释。

表 6-1-5　银行业财务指标的因子贡献率

总方差解释

组件	初始特征值			提取载荷平方和			旋转载荷平方和		
	总计	方差百分比	累计%	总计	方差百分比	累计%	总计	方差百分比	累计%
1	3.916	55.938	55.938	3.916	55.938	55.938	2.718	38.830	38.830
2	1.362	19.454	75.392	1.362	19.454	75.392	2.559	36.562	75.392
3	0.731	10.443	85.835						
4	0.545	7.779	93.614						
5	0.197	2.813	96.427						
6	0.193	2.753	99.180						
7	0.057	0.820	100.000						

提取方法：主成分分析。

表 6-1-6　银行业财务指标的旋转后因子载荷

旋转后的成分矩阵[a]

	组件	
	1	2
流动比率	0.742	0.517
净资产负债比率	0.400	0.837
资产固定资产比率	-0.247	-0.738
每股收益	-0.686	0.308
净利润	0.833	0.449
增长率	0.071	-0.812
股价	0.882	0.304

提取方法：主成分分析。

旋转方法：Kaiser 标准化最大方差法。

a. 旋转在 3 次迭代后已收敛。

四、银行业股价与主因子财务指标的回归分析

下面利用因子分析得到的主因子通过回归分析，进一步发掘我国银行业股价与其主要财务指标的关系。

通过上述分析可看出，流动比率和净利润 2 个因子能在很大程度上反映出财务状况，在此把这 2 个因子作为自变量，对平均股价做出回归分析。

(一)操作步骤

①打开数据文件,进入 SPSS Statistics 数据编辑器窗口,在菜单栏中选择"分析"|"回归"|"线性"命令,打开"线性回归"对话框,然后将"股价"变量选入"因变量"列表框,将"流动比率"和"净利润"变量选入"自变量"列表框,如图6-1-9所示。

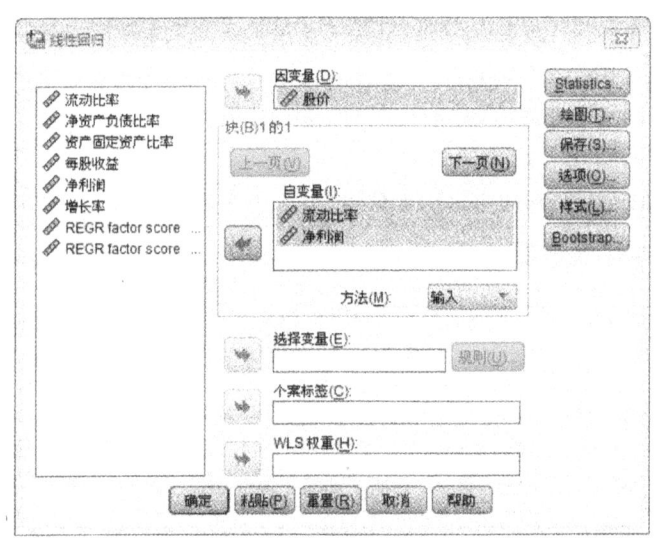

图 6-1-9 "线性回归"对话框

②单击"Statistics"按钮,打开"线性回归:统计"对话框。选中"估计""模型拟合度"和"Durbin-Watson"复选框,然后单击"继续"按钮,保存设置,如图6-1-10所示。

③单击"选项"按钮,打开"线性回归:选项"对话框。选中"在等式中包含常量"复选框,然后单击"继续"按钮,保存设置,如图6-1-11所示。

单击"确定"按钮,输出统计分析结果。

(二)结果分析

表6-1-7给出了评价模型的检验统计量。从该表中可以得到R、R平方、调整后的R平方、标准估算的错误及Durbin-Watson统计量,如本实验中回归模型调整后的R平方是0.838,说明回归的拟合度非常高,并且Durbin-Watson为2.209,说明模型残差不存在自相关,该回归模型非常优良。

图 6-1-10 "线性回归:统计"对话框

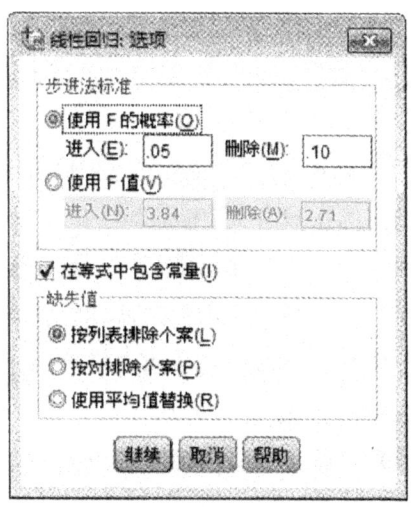

图 6-1-11 "线性回归:选项"对话框

表 6-1-8 给出了方差分析的结果。从中可得知,回归部分的 F 值为 55.224,Sig 为 0.000,小于显著水平 0.05,基于这些结果可以判定,与其他指标相比,流动比率和净利润 2 个财务指标对银行业上市公司的平均股价解释能力更强。

表 6-1-7　银行业财务指标评价模型的检验统计量

模型摘要[b]

模型	R	R平方	调整后的R平方	标准估算的错误	Durbin-Watson（U）
1	0.924[a]	0.853	0.838	1.598 17	2.209

注：a. 预测变量：（常量）＊净利润，流动比率。

b. 因变量：股价。

表 6-1-8　银行业财务指标的方差分析表

ANOVA[a]

模型	平方和	自由度	均方	F	显著性
回归	282.102	2	141.051	55.224	0.000[b]
残差	48.529	19	2.554		
总计	330.631	21			

注：a. 因变量：股价。

b. 预测变量：（常量）＊净利润，流动比率。

表 6-1-9 呈现了线性回归模型的回归系数，并且给出了相关统计量。从表中可看出，流动比率与净利润的系数各为 21.352 与 1.125，这足以表明流动比率的小增长能推动股价的大增长，由此凸显出银行资产流动性同其股价之间的密切关联。之所以会存在这种联系，主要是由于资产流动性会影响到银行运行情况，进而对利润状况起到决定性作用。另外，线性回归模型中的流动比率和净利润 2 个指标的 T 值分别为 2.890 和 3.927，相应的概率值为 0.009 和 0.001，说明系数非常显著，这与上表方差分析的结果十分一致，即银行业股价高度受流动比率和净利润 2 个财务指标的影响。

表 6-1-9　回归系数

系数[a]

模型	非标准化系数		标准系数	t	显著性
	B	标准错误	β		
1　（常量）	−23.800	4.486		−5.306	0.000
流动比率	21.352	7.388	0.413	2.890	0.009
净利润	1.125	0.286	0.562	3.927	0.001

注：a. 因变量：股价。

第二节　SAS 金融数据挖掘模型

数字化转型是金融业未来发展的一大趋势，大数据分析与应用的重要性越发凸显。在数字化客户经营的场景中，分析建模的应用尤为关键。SAS 统计分析软件为金融数据挖掘与建模提供了技术支持，其在客户智能、数据管理、风险管理、欺诈识别等各个业务环节的优势越来越受到重视。

一、银行贷款违约预测模型

大数据就是通过大规模数据的挖掘、整理与分析为建模算法提供数据支持。大数据之外，风险模型则是银行的传统优势，当然目前各家银行也在大力"招揽"各方数据。一般而言，银行主要有 3 种风险模型，即申请评分模型、行为评分模型及催收评分模型。其中，申请评分模型，就是深入把握客户申请时的有关信息，据此分析贷款违约的可能性大小；行为评分模型就是在贷款发放后，根据客户有关的行为表现，进一步分析贷款违约的可能性；催收评分模型就是面对贷款逾期的状况，根据客户有关的行为表现，分析其清偿欠款的能力大小，预测其逾期恶化的概率，以免银行利益受损。上述评分模型，归根结底探讨的是二分类问题，即客户是否违约的问题，虽然集成算法、深度学习等黑箱算法（模型不可解释）因其在预测准确度、计算效率等方面的优势被大为推崇，但申请评分仍然需要用白箱算法（根据相关法规，必须向申请人解释拒绝的理由，因此要求评分模型可解释）。Logistic 回归是最具优势的白箱算法，简单、高效、易于解释，当然 Logistic 回归同样适用于行为评分和催收评分。在此，通过一个案例介绍最简化版的行为评分模型，同时使用 SAS EG 来建模。

（一）银行贷款违约预测案例的基本背景

本数据来源于 PKDD 数据挖掘竞赛。该数据由一家捷克银行（Czech bank）提供，虽然和国内业务背景存在一定差异，但却是一个不错的可作为银行场景下进行业务分析和数据挖掘的示例。该数据包含 5000 多个银行客户的 100 万笔交易，其中涵盖大量的贷款信息和信用卡交易数据。对于银行客户经理而言，在向客户提供增值服务时，首先需要找到有特定需求的客户，为其提供有针对性的服务；对于风险管理人员而言，则需要更多地掌握客户的信息，进行风险预测，以避免造成损失。

PKDD99 具体的数据说明如下。

①账户表：用于描述各个账户的静态信息，共 4500 条记录；

②客户信息表：用于描述各个客户的特征信息，共 5369 条记录；

③权限分配表：用于描述客户与账户间的关系，以及客户操作账户的权限，共 5369 条记录；

④支付订单表：每条记录代表描述了一个支付命令，共 6471 条记录；

⑤交易表：每条记录代表每个账户上的一条交易，共 105 632 0 条记录；

⑥贷款表：每条记录代表某个账户上的一条贷款信息，共 682 条记录；

⑦信用卡：每条记录描述了一个账户上的信用卡信息，共 892 条记录；

⑧人口地区统计表：呈现的是某一地区的人口统计学信息，共 77 条记录。

实际上，一个人可以有多个账户，一个账户可以对应有多个客户号，即多个人可以共管一个账户；一个账户可以有多张信用卡；一个账户只能进行一笔贷款。

（二）数据挖掘的维度分析

数据挖掘的维度分析会十分广泛，是指将数据按照研究对象进行信息提取的工作。例如，对于个人客户消费行为的深入把握，应以客户为粒度进行数据整理。在这种情况下就会出现这样一个问题：银行交易过程中产生了大量的客户数据，而且未来也将生成更多的数据，怎样进行数据整理，并且从大规模数据中获取所需信息，就成为一个至关重要的问题。同时，应该注意的是，仅仅从银行内部获取数据是否能够真正满足业务需要，也是一个不容忽视的问题。为了有效解决上述问题，就应该在准确把握问题的基础上做出科学研究，掌握研究所需的客户信息。但对于不同的分析主体而言，往往需要获取不同的客户信息，在业务开展过程中可从以下 4 个方面入手，以满足实际需要。

1. 表征信息

在银行业，对于个人客户的分析必须首先掌握客户基本信息，即所谓的人口统计信息，主要涉及最基本的性别、年龄信息。这类指标对客户的行为预测并不具有因果关系，只是根据历史数据统计而得到的规律。例如，同一个客户处于不同的年龄段，他对住房贷款、教育基金、家庭理财等产品的需求也会存在差异，但年龄并不是客户对产品需求的核心因素，而婚龄则会产生比年龄更大的影响力。

而年龄因素往往更受关注，只不过是因为年龄比婚龄更加直观，而且婚龄与年龄在同时期人群中存在极大关联。此外，性别同某一业务的关联性，在很大程度上是源于人们对性别类型的行为期望。对于银行而言，一般能在客户填写表格时获得其真实的表征信息，如性别、年龄等；但电商在其交易过程中是难以得知客户的真实信息的，客户很可能以虚拟的身份参与交易活动。面对这一现实，数据分析人员并不会陷入一筹莫展的境地，他们虽然无法直接获知客户的真实年龄和性别，但参照具体的消费行为可计算出客户心理上的"真实"年龄，据此对客户的消费倾向做出预测。显然，后者对于提高交易成功率更有价值。

2. 行为信息

一般而言，行为被看作是在外部某种环境中基于内部需求而形成的一种表现。换言之，内部需求和外部特定环境是影响行为产生的2个关键因素。一方面，行为是在内部需求驱使下出现的结果，如储蓄客户将个人的闲置资金存入银行，以保证未来可能出现的需求能够得到满足；另一方面，行为是在外部特定环境中形成的，如果银行只提供活期存款服务，客户就只能选择这项业务，而在多样化的理财产品出现后，客户的行为就会发生变化，活期存款将不再是其唯一的选择。在银行业，行为数据通常只限于业务数据，数据种类较为有限；但在电信业，行为数据的来源更为复杂，既包括通话、观看视频、浏览网页等业务数据，也包括客户的业余生活、出行情况等个人行为信息。实际上，获取的客户行为信息越多，对客户的了解就越深入。在这方面，各类企业都具有很大的深挖潜力。

3. 状态信息

状态信息一般包括两大类：一是客户的社会经济状态；二是客户的社会网络关系信息。当然，状态信息并不局限于此，但这两类信息在状态信息中处于主导地位。社会学认为，人之所以为特定的人，就在于其被同化在特定的关系之中，这被称为嵌入理论。全面把握客户的社会关系，有助于了解外界对客户的期望，据此对客户需求做出预测，进而有针对性地为客户提供产品与服务，能显著提高交易成功率。如果能深入挖掘并分析客户的状态信息，有时还能预测客户的未来需求，并且对客户加以引导，在适当的时机可将未来需求转变为实际需求。在这方面，有些企业走在了前面。例如，在电信业，可凭借客户的通信情况了解其交友圈，分析客户的信号地理信息了解其生活、工作及娱乐区域，由此推测其工作环境、收入水平及其社交网络类型。状态信息是数据挖掘与分析的重要部分，是交易活动顺利实施的有效支持，对于包括银行在内的金融机构而言，应高度重视对客户状态信息的挖掘，在把握有效信息的基础上开展业务，能起到事半功倍的作用。

4. 利益信息

如果可以知道客户的内在需求，这当然是最理想的，而这类数据获取方式是比较少的。传统方式只能通过市场调研、客户呼入或客户投诉得到相关数据。现在利用微博和论坛等留言信息，可以便捷地获取客户评价信息。

客户信息的完整示意，如表 6-2-1 所示。

表 6-2-1　客户信息

	表征信息	行为信息	状态信息	利益信息
维度内涵	客户基本属性、外部特征信息。如性别、年龄、教育程度、地域	从客户的业务收集的信息。如产品类型、购买频次、购买数量	客户经济行为、社会网络关系信息。如客户的社会经济状态（SES）、交友圈类型和规模	态度、评价和诉求。如看重服务质量、面对价格不敏感
细分依据	表征—需求	业务—需求	状态—需求	利益—需求
获取方式	办理业务时客户自报	客户办理业务、购买产品和接触渠道的记录	办理业务时客户自报、访谈和业务内容中获取	客户访谈、调研和社会化信息
相关度	低—偶尔表现出相关性，没有因果关系	中—可以表现出相关性，但难以表现出因果关系	较高—表现出较强的相关性和一定的因果关系	高—直接的因果关系
运用场景	了解市场结构，其他方法的补充	产品定位，定价决策，交叉销售	客户提升价值深挖	新产品开发等

以上介绍了维度分析要注意的主要方面，下面以 PKDD99 作为具体案例介绍贷款客户违约预测模型。在贷款表中，还款状态变量记录了客户的贷款偿还情况，其中 A 代表合同终止且正常还款，B 代表合同终止但是未还款，其他代码标识合同未结束。在银行业，可设计一个客户行为信用评分模型，科学预测贷款违约概率，及早做出防范措施。

第一步，打开贷款（Loans）表，打开"查询生成器"对话框，保留可用于建模的样本，生成表 WORK.step0，如图 6-2-1 所示。

第六章 大数据驱动下的金融模型构建 ·145·

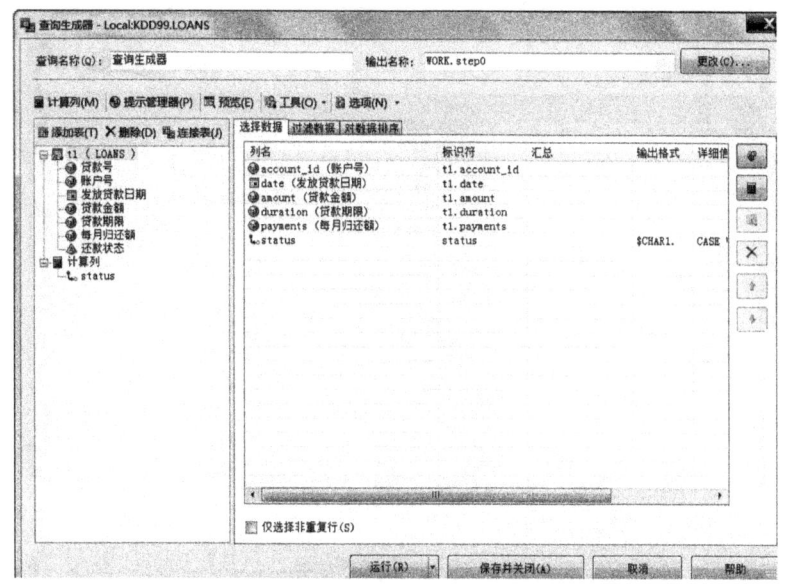

图 6-2-1 用 SAS 查询生成器导入第一张表

将所有维度的信息归结到客户账号这个粒度上。首先是客户表征信息。客户的人口信息保存在客户信息表中，应注意的是，此表以客户为主键，要想获取账号级别的信息，就必须将客户信息表与权限分配表相连接，连接条件如图 6-2-2 和图 6-2-3 所示。

由于生日是不能用于建模的，这里需要创建年龄变量，在"查询生成器"对话框中单击"计算列"选项，输入公式，并将变量取名为 age，如图 6-2-4 所示。

由于只有账户所有者才能申请贷款业务，所以对账户类型进行筛选，只保留所有者，如图 6-2-5 所示。

选取所需变量，将输出表命名为 WORK.setp1，保存在 work 逻辑库下，如图 6-2-6 所示。

为了确定账户信息是否有重复记录，使用"数据—排序"命令进行去重操作。

对账户行为数据进行汇总，在此只考虑业务信息。每个账户的交易行为保存在交易表（Trans）中。对于交易数据，一般使用频次（F）、最近一次交易时长（R）和交易量（M）的方法将交易记录归结到账号这个粒度上，在 SAS EG 中打开"查询生成器"对话框可以很方便地完成这个工作，如图 6-2-7 所示。

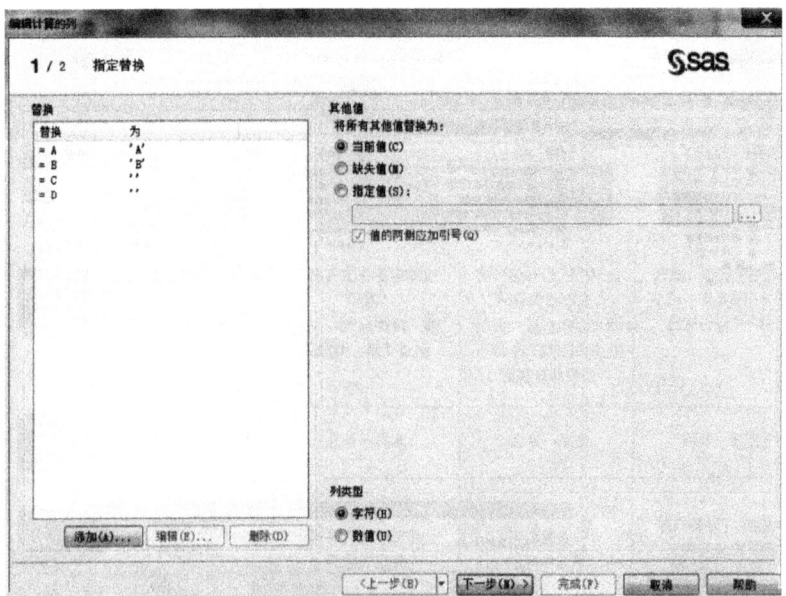

图 6-2-2 值替换

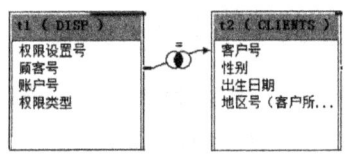

图 6-2-3 表关联（内关联）

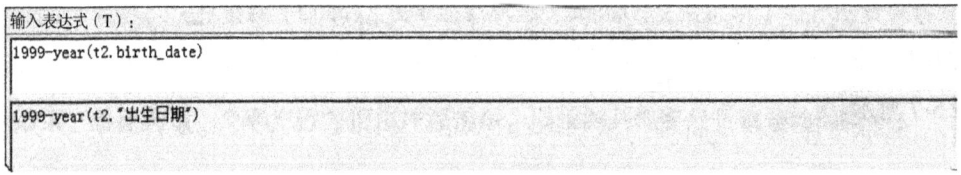

图 6-2-4 通过表达式计算新的变量

其中，COUNT_ of_ date 代表 3 年间的交易次数；f_ tran（=COUNT_ of_ date）代表交易频次；MAX_ of_ date 代表最后一次交易的时间点；R_ tran（='Oljan1999' d-MAX of date）代表最近一次交易时长；SUM_ of_ amount 代表平均

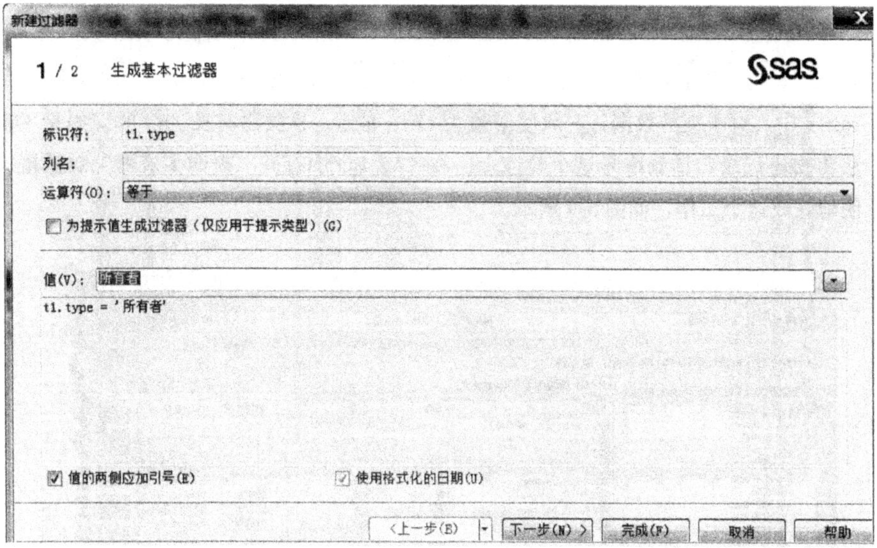

图 6-2-5 条件筛选

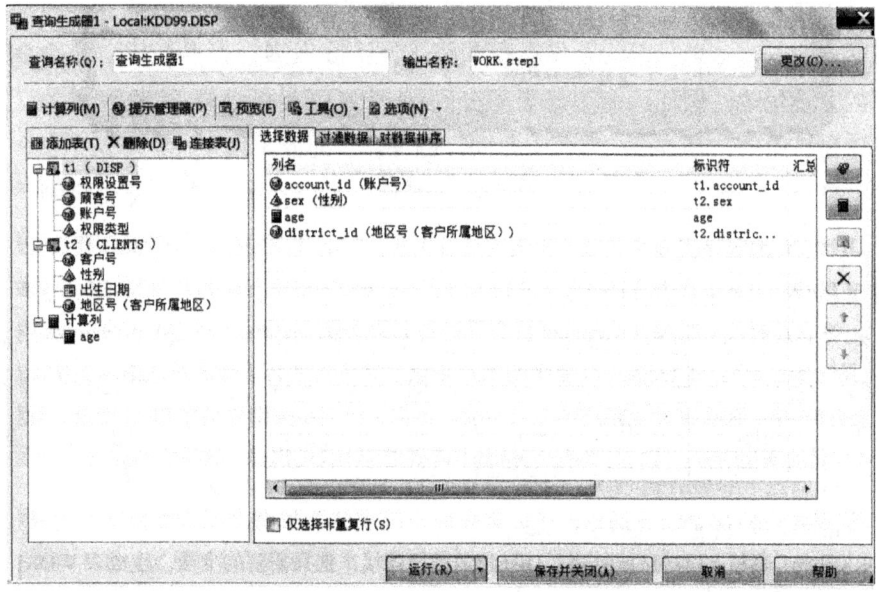

图 6-2-6 指定保存的结果表

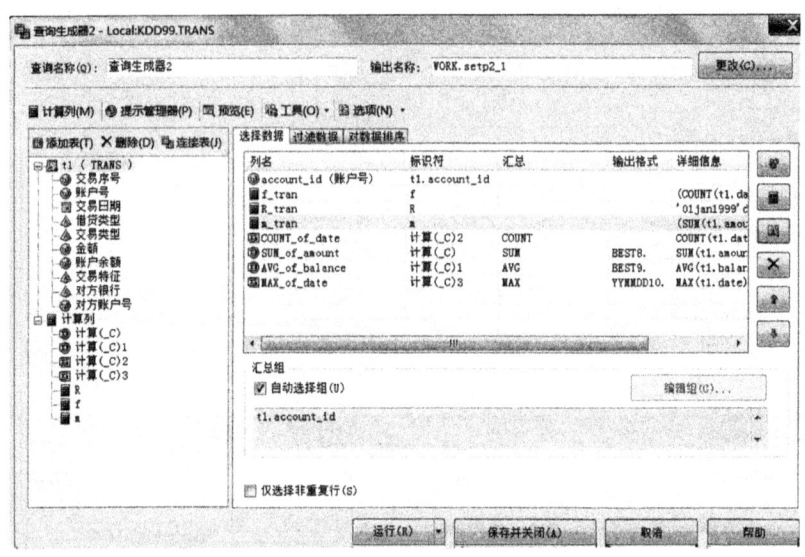

图 6-2-7 汇总数据

的交易金额；m_tran（=SUM of amount）代表交易金额；AVG_of_balance 代表平均账户余额。这里只是为了做简单的演示，实际数据挖掘操作中，还会涉及更精细的变量生成。例如，分交易类型分别做 FRM 变量，计算 FRM 变量的变化趋势。支付订单表（Orders）需要进行同样的操作，对此不做赘述。

整理客户的社会经济信息，并汇集在账户维度这个粒度上。需要将刚才生成的 WORK.STEP1 表和人口地区统计表（District）进行连接，选择需要的变量，生成表 WORK.STEP3，如图 6-2-8 所示。

将 WORK.STEP0 和 WORK.STEP1、WORK.STEP2、WORK.STEP3 分别进行左连接。生成表 WORK.QUERY_FOR_ANALYSIS，并在原始变量的基础之上生成衍生变量，如图 6-2-9 所示。例如，失业增长率（ump_gr=A13/A12-1）、犯罪增长率（crm_gr=A16/A15-1）、贷款占比（Loan_rate=amount/Avg_of_balance）。至此，维度分析和数据整合阶段结束。

（三）建模分析

建模分析是从信息中获取知识的过程。数据挖掘方法分为分类和描述两大类，其中，预测账户的违约情况属于分类模型。使用 Logistic 回归对刚才创建的数据建立模型，最终得到结果，如图 6-2-10 所示。其中估计得到的回归系数就是知识。

第六章 大数据驱动下的金融模型构建 · 149 ·

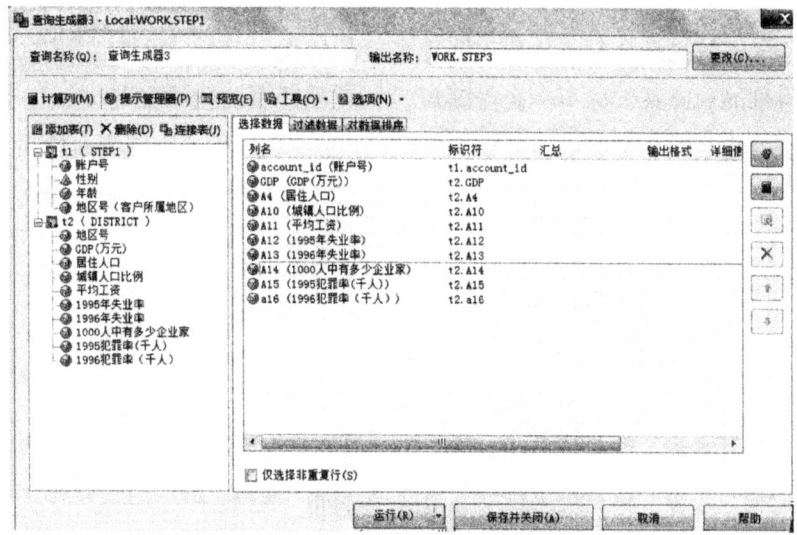

图 6-2-8 表连接

图 6-2-9 保存结果表

从中可以看到,最近3年内交易的频次和账户金额的平均值对违约有负向作用,最近3年的平均交易金额和贷款占账户金额的比例对违约有正向作用。严格意义上看,得到的回归系数并不一定是知识,只有被证明这些系数是无误的、可解释的,并且是稳定的,才能认为是知识。

参数	自由度	估计	标准误差	Wald卡方	Pr>卡方
Intercept	1	2.0577	1.5896	1.6755	0.1955
f_tran	1	-0.0112	0.00572	3.8207	0.0506
m_tran	1	2.23E-6	5.27E-7	17.9074	<.0001
AVG_of_balance	1	-0.00015	0.000035	19.5930	<.0001
laon_rate	1	0.1945	0.0978	3.9562	0.0467

最大似然估计分析

图 6-2-10 模型

更进一步,根据刚才的回归公式,可以预测每个账户的违约概率,如图 6-2-11 所示。如果取 0.13(这是违约的先验概率)作为阈值的话,大于 0.13 的被认为将会违约,小于 0.13 的被认为正常履约。

	账户号	还款状态	单个概率: status=B
1	2	A	0.0545994295
2	19	B	0.6032919185
3	25	A	0.0497247403
4	37		0.1978340694
5	38		0.0578719139
6	67	A	0.1035013514
7	97	A	0.0202376573
8	103		0.0733196156
9	105		0.5328281647
10	110		0.0334301878
11	132	A	0.0948938146
12	173	A	0.0155563041
13	176		0.1172297939
14	226		0.0108698444
15	276		0.0154631111
16	290	A	0.018789303
17	303		0.0099247597

图 6-2-11 对每个账户预测违约概率

(四) 业务应用

得到上一步的预测结论,银行将会在不同的决策中运用。在贷款审批方面,将会对交易频繁的客户采用更高的引用等级,并且减少贷款占比较高账户的贷款额度。在信贷资金管理方面,得知了每个账户的违约概率后,就可以预估未来的坏账比例,及时做好资金安排。

二、信用卡客户流失倾向预警模型

流失倾向本质为客户近期销卡的概率,是典型的分类问题,Logistic 回归和决策树是解决这类问题的主要算法,在此则应用 Logistic 回归算法。

Logistic 回归本身较为简单,SAS EG 或者开源的分析工具都支持这个算法,甚至不需要写代码,在交互界面上设置几个参数就可以完成建模、评分;但要获得更好的模型,通常需要做充分的数据预处理,在此介绍 2 个最主要的数据预处理步骤。应注意的是,变量预处理和模型训练仅使用训练集数据,即类似于 Sta_Dte = "2015-01-31" 或 "2014-12-31" 一个时间窗内的记录,应用建立的模型对另一个时间窗的验证集数据进行评分,评估模型效果。此处 Sta_ Dte = "2014-12-31" 的数据作为训练集。

(一) 粗分类

对于 Logistic 回归而言,变量粗分类可以提高预测效果和计算效率。对于连续变量,针对每个变量 x,按照目标变量的分布,进行"有监督"的离散化分组。例如,图 6-2-12 左图中显示随着持卡时长 Csr_ Dur 的增加,客户的销卡率并未呈现出增加或减少的规律,或者说 Csr_ Dur 这个 x 与目标变量 y 不存在线性关系,Logistic 回归模型只能解释线性关系,因此,Csr_ Dur 是个不显著的变量,将被弃用。但根据 y 的分布对 Csr_ Dur 进行分组后发现(右图),Csr_ Dur 在 7~12 个月、25~36 个月时客户销卡率明显更高,6 个月内、13~24 个月和 37 个月以上的客户销卡率并无显著差别。经过变量重构,类似 Csr_ Dur 这样原本与目标变量没有单调相关关系的连续变量具有了预测能力。

至于类别变量,在建模时会先把类别变量转换为虚拟变量(哑变量)。假设变量"购物类型"有 40 个不同的取值,如果直接用于建模,则需要设计 39 个虚拟变量(避免共线性,设计 40-1 个哑变量即可),当一个类别变量有几百个选项时,会生成几百个哑变量,如果有数百个类别变量,就会有数百万个变量,这对

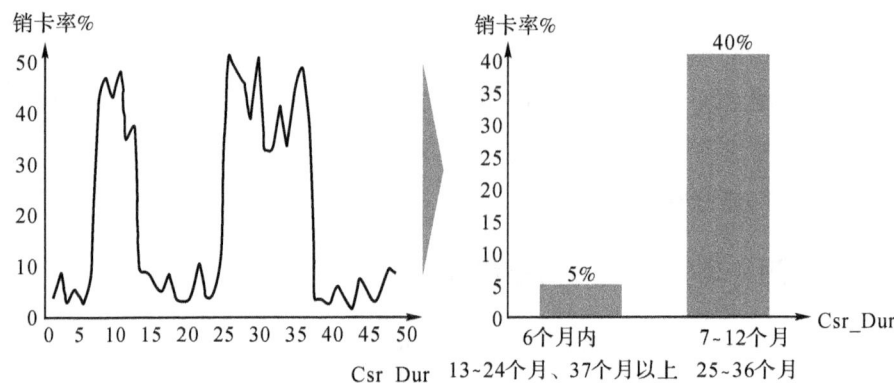

图 6-2-12 销卡率 vs Csr_Dur

计算资源提出了巨大挑战。

对于连续变量，SAS 的 PROC SPLIT 过程步提供了粗分类方法，可以根据 x 变量与目标变量 y 的关系，实现最佳分组，让每个组内的目标变量取值接近但组间差异大。对于类别变量，可以先计算每个类别选项的 WOE 值，然后同连续变量那样处理。

（二）分组变量的 WOE 值与 IV 值的计算

粗分类之后，全部变为类别变量，需要计算分组后的 WOE 值和 IV 值，以 WOE 值作为新的变量值，IV 值则体现了变量对 y 的预测能力。WOE 值和 IV 值是信息论中体现信息量的指标，经常作为筛选显著变量的依据。根据类别变量粗分类，可以先对原始变量计算 WOE 值，然后应用 Proc Split 过程步进行粗分类，再计算 WOE 值。

以表 6-2-2 展示的 2 个变量为例，介绍 WOE 值和 IV 值的计算方法。第一列是 2 个变量的粗分类，其他各列是 WOE 值的计算过程。从表中可以看出，WOE 值随销卡率增加，WOE>0 表明这个区间内的销卡客户边际占比高于未销卡客户；IV 值则体现了预测变量对目标客户的区分能力，即变量的显著性，通常情况下，IV 值在 0.1~0.5 表明变量与目标有一定的相关性，如果变量较少，也可降低对 IV 值的要求。当预测变量具有数百个时，可通过 IV 值筛选 50 个左右的变量进入建模环节。

表 6-2-2 粗分类（类别）变量的 WOE 值和 IV 值计算

粗分类变量	客户数	销卡人数	销卡人数分布 D1	未销卡人数	未销卡人数分布 D0	GAP=D1-D0	WOE=LN(D1/D0)	IV=GAP*WOE
购物类型 Buy_Type								
娱乐	5283	1400	70.0%	3883	48.5%	21.4%	36.6%	0.078
餐饮、酒店	1213	230	11.5%	983	12.3%	-0.8%	-6.8%	0.001
其他	753	106	5.3%	647	8.1%	-2.8%	-42.1%	0.012
批发、零售	182	25	1.3%	156	2.0%	-0.7%	-43.8%	0.003
超市、百货	2570	239	12.0%	2331	29.1%	-17.2%	-89.0%	0.153
合计	10 000	2000	100.0%	8000	100.0%			0.247
近12个月月均消费次数 R12m_Avg_Cns_Cnt								
0	1801	626	31.3%	1175	14.7%	16.6%	75.7%	0.126
1~3	1780	464	23.2%	1316	16.5%	6.7%	34.3%	0.023
4~5	2529	332	16.6%	2197	27.5%	-10.9%	-50.4%	0.055
6~10	1442	324	16.2%	1118	14.0%	2.2%	14.8%	0.003
11+	2447	254	12.7%	2193	27.4%	-14.7%	-76.9%	0.113
合计	10 000	2000	100.0%	8000	100.0%			0.320

应注意的是，WOE 变量能够简化模型，并提高计算效率，但会降低模型的可解释性。

（三）共线性检验

Logistic 回归算法本身并不检验变量间的共线性，但这又会影响模型的稳定性，但经过上述 2 个步骤重构的 Woe_x 变量，可以像线性回归那样检验共线性。方差膨胀因子是最常用的共线性诊断指标，对于每个预测变量 Woe_x，其 VIF 的计算公式为：VIF=1/（1-Rsquare），其中 Rsquare 是以 Woe_x 作为目标变量对其他变量 Woe_x 做回归分析的结果。Rsquare 是回归模型的重要评价指标，在此应注意一点：Rsquare 越接近 1，代表着 Woe_x 越可以由其他变量 Woe_x 计算得到；与此一致，某个变量 Woe_x 的 VIF 越大，则它与其他变量之间的共线性越严重。

应用 SAS 中的 Proc Reg 过程步可以计算变量的方差膨胀因子 VIF。由于仅检验变量共线性不训练模型，目标变量可任意设定，只要后面列出所有预测变量即可。COLLIN COLLINOINT 是检验共线性的另一个指标——条件因子。

经验判断方法表明，当 0<VIF<5，变量间存在较弱的共线性；当 5≤VIF<10，存在较强的共线性；当 VIF≥10，存在严重的共线性，一般要求 VIF 小于 5。通常根据 VIF 从大到小逐个剔除变量，重复运行代码，直到所有变量的 VIF 都降到 5 以下，除非明确知道哪些变量存在共线性，可以一次性剔除。图 6-2-13 所展示的是输出中截取的部分变量，对这些变量而言不存在共线性问题，如果变量较多且对共线性要求特别挑剔，可以先删除 VIF 最高且 t 值（反应变量的显著性）较小的变量。

变量	自由度	参数估计值	标准误差	t 值	Pr>|t|	方差膨胀
Intercept	1	0.31913	0.00353	90.52	<.0001	0
WOE_CSR_DUR	1	-0.05462	0.00881	-6.20	<.0001	1.08203
WOE_OVS_CNS_AMT	1	-0.07309	0.00981	-7.45	<.0001	1.04473
WOE_R12M_AVG_CNS_CNT	1	-0.06545	0.02422	-2.70	0.0069	4.35835
WOE_R1M_TRD3_CNS_AMT	1	-0.04540	0.00802	-5.66	<.0001	1.49563
WOE_R3M_AVG_CNS_AMT	1	-0.12803	0.00272	-47.11	<.0001	1.48709
WOE_R3M_MAX_CSH_AMT	1	0.00964	0.00714	1.35	0.1773	1.41876
WOE_R6M_CLS_NBR	1	-0.08100	0.02267	-3.57	0.0004	4.45524
WOE_R6M_AVG_RDM_PTS	1	-0.08605	0.00663	-12.99	<.0001	1.39057
WOE_R6M_MAX_CSH_AMT	1	-0.10853	0.00421	-25.78	<.0001	1.49295
WOE_TOTAL_CALL_NBR	1	-0.13849	0.00542	-25.54	<.0001	1.12922

图 6-2-13 共线性检验的输出结果（部分变量）

（四）模型训练——显著性检验

经过数据预处理和共线性检验，得到一组与目标变量有一定相关性、彼此独立且分布经过优化的候选变量，一般会保留 50~100 个，随后就是挑选显著变量训练模型。这里使用 SAS 的 Proc Logistic 过程步实现。经过显著性检验，通常保留 10 个左右最为显著的变量。

Proc Logistic 过程步运行之后，会输出显著变量（图 6-2-14 前半部分表）及预测概率和观测响应的关联指标（图 6-2-14 后半部分表）。上表：估计值是模型中每个变量的参数，最后 1 列 p 值是变量的显著性水平，留在模型中的全部低于 0.05；下表：一致部分所占百分比，指模型是否足够准确地预测了训练集本身的数据，越接近 1，则预测概率越能区分目标变量是"0"还是"1"，这里为 89.7%，表示 89.7%的客户被准确预测。

最大似然估计值分析					
参数	自由度	估计值	标准误差	Wald 卡方	Pr > 卡方
Intercept	1	1.1598	0.0353	1080.8705	<.0001
WOE_CSR_DUR	1	0.3815	0.0989	14.8707	0.0001
WOE_OVS_CNS_AMT	1	0.6421	0.1099	34.1216	<.0001
WOE_R12M_AVG_CNS_CNT	1	0.6863	0.2581	7.0692	0.0078
WOE_R1M_TRD3_CNS_AMT	1	0.2429	0.0758	10.2652	0.0014
WOE_R3M_AVG_CNS_AMT	1	1.1586	0.0336	1186.0609	<.0001
WOE_R3M_MAX_CSH_AMT	1	-0.1974	0.0731	7.2859	0.0069
WOE_R6M_CLS_NBR	1	1.1260	0.2585	18.9701	<.0001
WOE_R6M_AVG_RDM_PTS	1	0.7245	0.0754	92.3894	<.0001
WOE_R6M_MAX_CSH_AMT	1	1.0044	0.0481	436.8757	<.0001
WOE_TOTAL_CALL_NBR	1	1.8669	0.0979	363.2711	<.0001

预测概率和观测响应的关联			
一致部分所占百分比	89.7	Somers D	0.796
不一致部分所占百分比	10.1	Gamma	0.798
结值百分比	0.2	Tau-a	0.254
对	15981991	c	0.898

图 6-2-14　Proc Logistic 的输出：显著变量和一致对占比

统计指标仅反映了模型对训练集数据自身的拟合情况，模型是否能够准确预测验证集数据及接下来不断前推的时间窗数据，则需要根据实际打分。

（五）模型评估

1. 应用模型为验证集客户打分

训练模型的目的是为了对客户进行打分，预测销卡概率。模型就是公式 logit (Evt_Flg)：1.1598+0.3815 * Woe_Csr_Dur+…，按公式里的变量准备好数据，应用公式计算出结果再转换为概率打分，就是预测了。推荐 2 种最常用的打分方法。

一种是把训练集保存下来，只保留显著变量。应用的时候按照这个样式准备好数据宽表，目标变量全部设置为缺失值。运行 Proc Logistic 过程步同时用"Score"进行打分，由于无须检验变量的显著性，设定"selection=none"。

这里我们应用 Sta_ Dte："2015-01-31"的验证集数据，对变量优化分组并计算 Woe 值，然后将目标变量设置成缺失，与训练集数据 Train_ Woe 放在一起构成表 Train_ Woe2。打分结果如表 6-2-3 所示，Sta_ Dte="2015-01-31"对应的记录就是应用模型对验证集客户做的打分结果。

表 6-2-3 模型打分结果

Csr_ ID	Sta_ Dte	Evt_ Flg	F_ Target	I_ Target	P_ 1
1001	2015/1/31	1	1	1	0.915
1002	2015/1/31	0	1	1	0.362
1003	2015/1/31	0	1	1	0.154
1004	201511/31	1	1	1	0.254
1005	2015/1/3l	1	1	0	0.749
1006	2015/1/31	1	1	1	0.006
...					
1001	2014/12/31	1	1	1	0.892
1002	2014/12/31	1	0	0	0.175
1003	2014/12/31	1	1	1	0.803
1004	2014/12/31	1	0	0	0.242
1005	2014/12/31	1	1	1	1.770
1006	2014/12/31	0	1	1	1.125
...					

该方法的问题是每次应用都需要先做数据预处理，而且打分方式难以部署到应用系统。对此，要采用另一种方法，就是输出打分代码，一组 if then 打分规则，建立原始建模变量和目标变量间的关系。应用这组规则可直接对验证集数据打分。

2. 模型的 4 个评估指标

无论采取何种方法，最终都可对验证集中的客户进行打分，预测出接下来的销卡（响应）概率。对于验证集客户，根据预测概率 P_1 从大到小排序，将全部客户等分为若干组，然后计算每组客户的实际响应率和平均预测概率，并计算 KS 等相关指标，表 6-2-4 所示为计算结果。

表 6-2-4 模型评估指标

Decile	样本量 N	实际响应率 Actual	预测响应率 Pred	响应数量 Response	未响应数量 Non Response	累计响应率 CuI Resp%	累计未响应率 CuI Non Resp%	KS	不使用模型 Benchmark	UFT
1	500	92%	91%	462	38	23.1	0.5	226.0%	5%	4.62
2	500	86%	85%	429	71	44.6	1.4	43.2%	10%	4.46
3	500	63%	65%	313	187	60.2	3.7	56.5%	15%	4.01
4	500	33%	34%	167	333	68.6	7.9	60.7%	20%	3.43
5	500	27%	28%	135	365	75.3	12.4	62.9%	25%	3.01
6	500	15%	16%	78	422	79.2	17.7	61.5%	30%	2.64
7	500	10%	11%	48	452	81.6	23.4	58.3%	35%	2.33
8	500	9%	10%	45	455	83.9	29.0	54.8%	40%	210
9	500	8%	9%	42	458	86.0	34.8	51.2%	45%	1.91
10	500	8%	7%	42	458	88.1	40.5	47.6%	50%	1.76
11	500	5%	5%	27	473	89.4	46.4	43.0%	55%	1.63
12	500	5%	5%	25	475	90.7	52.3	38.3%	60%	1.51

续表

Decile	样本量 N	实际响应率 Actual	预测响应率 Pred	响应数量 Response	未响应数量 Non Response	累计响应率 CuI Resp%	累计未响应率 CuI Non Resp%	KS	不使用模型 Benchmark	UFT
13	500	4%	4%	22	478	91.8%	58.3%	33.4%	65%	1.41
14	500	4%	3%	21	479	92.8%	64.3%	28.5%	70%	1.33
15	500	6%	5%	28	472	94.2%	70.2%	24.0%	75%	1.26
16	500	4%	4%	27	473	95.6%	76.1%	19.4%	80%	1.19
17	500	4%	3%	22	478	96.7%	82.1%	14.6%	85%	1.14
18	500	5%	5%	24	476	97.9%	88.0%	9.8%	90%	1.09
19	500	4%	3%	21	479	98.9%	94.0%	4.9%	95%	1.04
20	500	4%	2%	22	478	100.0%	100.0%	0	100%	1.00
合计	10 000			2000	8000					

表6-2-4表中包含了2条曲线和2个统计指标，从多个角度评估模型的准确性、区分度和提升度。

图6-2-15（a）所示是拟合曲线、(b) 是ROC曲线。对于拟合曲线，2条曲线重叠，说明总体预测偏差小；曲线陡峭下降，说明模型区分能力强，能够将潜在销卡客户圈定在比较小的范围内，进而降低营销成本；曲线平滑，表明模型相对稳定，无过拟合问题。ROC曲线即累计边际响应率，体现模型覆盖响应客户的能力。假设将全部客户随机等分为20组，那么每组将包括5%的销卡客户，运用模型的基本目的就在于借助评分工具把销卡客户集中到打分最高的几组中。从图中可以看出，打分最高即最可能销卡的5组客户（占总量的25%），覆盖了75%实际销卡的客户，也就是说，只要重点挽留这25%的客户，就能获得对全部客户挽留75%的效果，这对于节约成本至为重要。

2个统计指标是KS和Lift。KS=累计响应率-累计未响应率，用于量化评估模型的区分度，通常使用20组中最大的那个值。从相关经验可以得知，KS介于

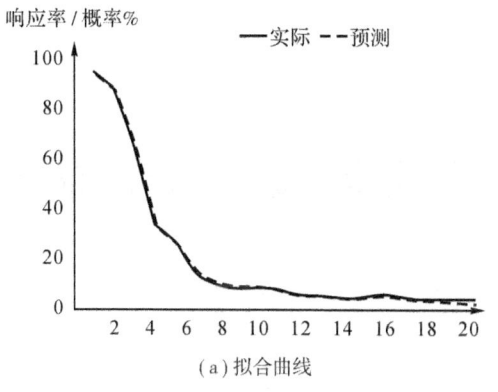
(a) 拟合曲线

注：按预测概率从高到低等分20组。

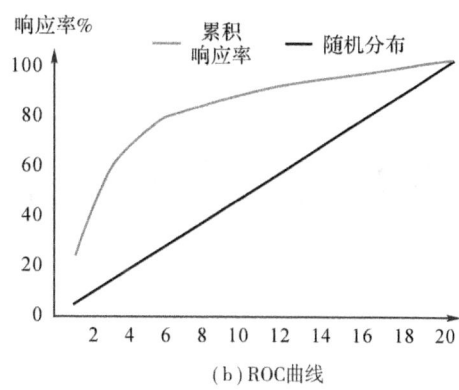
(b) ROC曲线

图 6-2-15　预测模型的拟合曲线和 ROC 曲线

30%~60%说明模型具有较强的区分度，能够将销卡客户区分出来，该例 KS = 62.9%。如果 KS 过高，通常以 60% 为参考，需要检查变量的设计是否存在问题，或者应用更多的验证集检查过拟合情况。Lift 体现模型的提升度，即 ROC 曲线中 2 个指标的比值，通常特指第一组的最大值，Lift 指相比不使用模型，应用模型能够最大限度地缩小目标客户分布范围的能力。该例 Lift 为 4.6，说明打分最高的一组客户命中率是不使用模型的 4.6 倍。

第七章 技术驱动下科技金融的未来探索

第一节 科技金融的内涵与发展历程

一、科技金融的界定

科技金融表现为金融政策、金融手段及金融服务的统筹安排,其发展的关键在于推进新技术在金融业的应用。在科技金融发展需求下,要不断提高科技型企业的研发能力,并努力促进研发成果的转化,为金融业务的高效开展提供技术支持。科技金融活动的参与者包括各级政府、金融机构、科技型企业、社会中介机构及其他社会团体等。

从科技金融的内涵和外延来看,它体现出三大特征:第一,科技金融在本质上是科技和金融的深度融合,而非单纯的科技和金融的合并,它是将新技术、资金、企业家才能等创新要素引入企业生产经营过程,并重新组合实现深度融合,从而实现科技与金融的双向融合、共同促进,最终产生技术创新和金融创新的叠加效应。第二,科技金融是科技创新要素市场化的过程。在市场化过程中,企业将技术成果转化为商业活动,以获取一定的经济效益。但是科技金融是一个综合性问题。科技创新具有高风险、轻资产、技术替代性强等特征,这就要求科技金融服务采取市场化手段,但又离不开政府的支持,需要理论与实践、政府与市场手段的有效结合。第三,科技金融是复杂的系统性、综合性工程。从科技金融的外延上看,它关乎政策环境、资源状况及服务能力,涉及技术创新、投融资等重大事务,其发展有赖于制度支持。

二、科技金融发展的发展历程

（一）阶段一：科技与金融单向配合

蒸汽机的诞生拉开了第一次工业革命的帷幕，但蒸汽机这项新发明要体现自身价值，离不开场所支持与资产投入，然而当时商业发展的资本仍以家庭积累或个人信用借贷为主，无法支撑对机械设备的需求，尽管蒸汽革命以技术进步为先导，但产业革命在英国的发展并最终完成与英国本身金融革命的爆发密不可分。在推动工业革命暴发的金融革命发展过程中，有以下3点非常重要。首先，较为成熟的银行体系的构建。其次，证券市场的形成。最后，金融业务及产品创新不断涌现，包括可转让借据、可贴现票据、原始股认购等形式不断涌现。新兴的金融工具使资本流动更加便捷，满足了产业投资者进行手工业机械化改造的资本需求。

（二）阶段二：科技与金融密切结合

以电力的广泛应用、化学工业的建立及新通信工具的发明为主要标志的第二次科技革命，内燃机取代蒸汽机成为工业发展的动力系统，重工业代替轻纺工业成为世界工业体系中的主导。这一时期的科技创新更为抽象，难以直接根据生产经验获得或者改进，需要根据科学理论进行创造发明，如依据电磁理论发明的发电机；同时，重工业的发展本身需要更多的固定资产投入。技术创新与科学基础联系更加紧密，导致技术研发过程中资金配置投入增多。科技转化时间缩短，使得技术风险激增，科技创新及产业的发展都需要更多能够分散这种风险的金融产品与服务的开发。

第二次科技革命时期，美国最早完成了电力革命。很多欧洲的技术创新在美国最早得到应用。美国快速工业化的背后存在多重动因，包括激增的工业产品需求、为数众多且自由流动的人口、高效的产权保护机制和便捷的交通运输系统，但金融创新所带来的资本市场快速发展却是这众多原因中最根本的基础条件，包括以股票交易为主的金融资本市场的建成（当时世界最大的股票交易所——纽约交易所建成），以及投资银行的出现。以股权交易为特色的美国金融市场为美国科技创新、完成以重工业为主导的第二次科技革命提供了长期且稳定的资金支持，而股权交易中分散化的投资者也很好地化解了科技创新的迅速产品化及产业化创新所带来的技术风险及市场风险等风险集中化问题；投资银行致力于企业上市、兼并的市场运作，进一步深化了股票市场的定价和融资能力，企业迈向大型化、集中化的垄断促使金融资本与工业资本有意识地结合、组织，科技与金融进入密切结合阶段。

（三）阶段三：科技与金融深度融合

20世纪50年代以后，科技革命深入到各个工业领域，尤其以电子信息、航空航天、生物及新能源等新兴产业为标志，其中电子计算机的广泛应用产生的影响最为突出。科技创新表现出的群体化、社会化、产业化和科技成果转化快速化的特征带来了众多不确定性因素，同时技术或产品的独占性优势，使科技创新体现出高投入、高风险、高收益的特征，金融对高收益的执着追求、自身具备的风险管理能力同科技创新的需求高度契合。而科技创新对金融创新的影响也不容小觑。20世纪70年代初，随着信息革命的发展，国际信用卡开始了爆发式的增长；20世纪末期，信息技术以其独特优势呈爆发式发展，计算机处理技术和通信信息技术的应用，为金融业的改革创新提供了技术支持。可以说，金融业的发展越来越离不开新技术，加强对新技术的应用已成为金融机构持续发展的必要举措。

21世纪以来，信息技术与金融创新的融合更加深入，这既为技术进步提供了巨大的市场空间，同时也为金融业务革新提供了支撑。一方面，随着科技创新对金融资本的持续要求，促使金融资本不断组合开发新产品，以满足科技创新的金融需求。以美国为例，高新技术企业难以获得商业银行的资金支持及获得投资等级的债券发行权，为此低等级债券的推出为高新技术企业发展解决了资金问题。进入新世纪，美国风险资本投资总额从每年50亿美元增至1000亿美元，使很多处于种子阶段的创新型企业在短期内迅速被孵化成长。另一方面，创新发展已成为各行各业的共同诉求，金融业也不例外。金融企业要占据竞争优势，就必须高度重视业务创新，而这恰恰建立在新技术应用的基础上。特别是信息技术推动金融企业进入了发展机遇期，无论是金融产品的设计还是风险评估，抑或是客户发掘，都能从信息技术中受惠。在新的发展环境下，金融创新愈加依赖于技术革新。

从发展历程看，科技金融经历了从金融被动配合科技创新需求，到自身主动创新变化；从金融单向支持影响科技创新，到金融创新与科技创新双向互动，协同发展的历程，金融创新与技术创新的互动关系不断强化。换言之，金融制度是技术创新的驱动力量，技术创新则为金融业的新发展提供了必要支持。在第三次科技革命中，金融对科技创新的支持不再是被动地配合科技创新的需求，而是通过自身主动创新匹配需求,并积极介入科技创新之中,风险投资在进行股权投资前对科技创新的方向进行挑选,而在股权投资后积极进入创新型企业的后续管理之中,主动且有效地设计管理机制化解科技创新中的各种风险,这也就标志着科技金融的形成。

第二节 科技创新与金融创新共同发展

一、科技创新与金融之间的互动关系

(一) 金融支持对于科技创新的作用

金融支持对科技创新具有重要作用。美国经济学家莫顿和博迪提出了金融功能说。通过金融功能的发挥,可以较好地实现对科技创新的金融资源配置、风险分担和激励约束,为科技产业发展提供有力支持。

一是发挥资源配置功能,为科技企业在各个成长周期阶段提供相应的支持。充足的资金支持是科技创新的必要保障。金融在资源配置过程中处于核心地位,为不同类型的经济主体提供多层次、多样化的资金支持是科技金融的首要目标。绝大部分科技型企业的发展部要经历4个周期,即种子期、初创期、成长期、成熟期。其中,前2个周期属于中小微企业阶段,企业发展风险高,潜在收益大,最需要资金支持却又是"融资难"问题最突出的阶段。对此,要尽快构建起科学的金融市场体系,为处于不同发展阶段的科技型企业提供有效支持。处于种子期、初创期的企业,天使投资、私募股权基金、政府优惠信贷等可以为科技创新提供数额巨大的流动性支出所需的资金支持;处于成长期的企业,商业银行科技金融贷款、债券市场等为科技创新提供产品升级研发、扩张市场所需的资金支持;处于成熟期的企业,银行信贷、资本市场融资等为科技创新企业稳定经营提供所需的资金支持。

二是发挥风险分担功能,分散科技创新的潜在风险。科技创新具有高度的不确定性,金融体系的风险管理功能对于科技创新尤为重要。科技创新总是需要大量的资金扶持,对于企业而言,自筹资金通常无法满足自身需要;科技创新也具有风险高的特性,若技术产品不为市场接受,无法销售出去,其投入的人力、财

力及时间成本将付诸东流，企业很可能会因此破产。通过将不同类型的金融机构及多层次资本市场纳入科技金融服务体系，综合运用政策性金融、风险投资、银行信贷、金融担保、科技保险、资本市场股权投资等多种金融产品，可以为不同风险类型的公司提供适当的资金支持，既分散了投资者的资金风险，也降低了科创企业在科技创新过程中面临的风险。

三是发挥激励约束功能，最大限度地减少科技型企业与金融机构之间信息不对称的现象。对于科技型企业而言，通常需要借助人力资本与技术成果获取赢利空间，其技术成果能否为市场接受，一般无法预先确定；商业银行及其他金融机构难以准确评估科技成果的未来货币价值及企业的经营风险，双方处于信息不对称的境况中，从而降低了潜在的科技金融供给量。金融体系可以通过金融机构与科创企业的债权、股权等契约关系降低信息不对称，包括银行对科创企业的融资方式、利息、抵（质）押品、担保及资金具体投入方向等进行明确约定，对融资后企业经营管理进行有效监督、监控资金使用方式；创业风险投资机构积极参与科创企业经营管理的重大决策，约束企业内部人员；对企业内部管理人员、科技人员给予股票期权等方式，通过多样化的金融工具推动科创企业持续健康发展，保障金融机构的合法利益。

（二）科技创新对于金融发展的作用

随着利率市场化推进、互联网金融的迅猛发展，各金融机构普遍加强了科学技术的应用和创新，科技金融类产品层出不穷，科技创新对于促进金融发展发挥了重要作用。

一是推动了金融行业的产品服务创新。传统金融的运行方式决定了其更偏好业绩较好的成熟企业，而科技创新资金需求具有长期性和风险性，这就要求金融机构能够开发出适应科技创新的金融产品，来有效地对接科技创新资金需求；同时科技创新催生了大量的新兴产业，创造出海量的资金需求，也为众多的风险投资提供了良好的投资途径。

二是科技创新改变了金融行业的运营方式。伴随着每一次信息技术的发展，虽然金融功能仍然能够较为稳定，但是金融机构、金融制度及金融服务方式已经发生了深刻变化。在网络时代、数字化时代，要求各种电子产品紧跟时代步伐，走向市场的电子化产品都能为人们提供更加便捷的服务，很多金融机构和企业通过手机客户端等办理业务，直接和间接地促进了金融业的发展。当前互联网技术的发展,在支付、投融资、财富管理等诸多领域对传统银行业都产生了巨大冲击,推动银行业改变服务理念、变革服务方式,提升运营效率。

二、国际科技金融实践的共同特征

一是法律先行。各国为支持本国高技术产业的发展,均致力于打造支持性的法律环境,相关法律涵盖范围广泛、内容细致、体系完整、修订及时。如美国出台《小企业法》《小企业投资法案》《金融服务现代化法案》《沃尔克规则》等,以债券融资、股权融资等方式,为企业技术创新营造出有利环境。

二是政策性金融体系完整。典型国家虽然经济治理理念有所差别,但均建立了较为完整的政策性科技金融体系,间接融资方面有政策性银行、政策性融资担保体系和研发支持基金,直接融资方面有政府支持的孵化器计划、鼓励社会资本投入风险投资、设立政府引导基金、建立多层次资本市场等。每个国家的政策性金融体系只是根据本国金融市场国情而略有区别,如美国在政策性银行体系非常不发达的情况下,致力于建设完善的小企业融资担保体系和打造多层次资本市场。又如,德国在市场化的风险投资、债券市场和股票市场不能满足科创企业融资需求的情况下,采取了由国家政策性银行、地方担保银行、国家高科技创业引导基金扶持科创企业的做法。

三是政府承担的风险与要求的收益不相称。基于对科创企业存在个体高风险但对整体经济的正外部性强这一特点的认识,政府在法律的授权下在科技金融领域公共政策制定和实施中,有意采取了承担较大风险但只享有很少收益的做法,向孵化器、创投基金、商业银行等社会资本让利,以激励技术人员踊跃创业,鼓励社会资本积极向科创企业提供债权或股权融资,以达到引导和推进国家整体的产业升级和经济发展转型的目的。

三、国际科技金融实践对于我国科技金融发展的借鉴意义

上述国际科技金融实践的共同特征印证了经济学家林毅夫所提出的"新结构经济学"的理论观点。根据这一理论,在经济发展中,必须对技术创新与产业升级的先行者提供补偿,通过完善基础设施和制度体系予以扶持,这就要求政府承担起相应的责任。所以,"有效市场"和"有为政府"是包括科技创新在内的经济快速可持续发展的最重要的制度前提。

在新结构经济学理论指导下,我国需采取如下政策措施鼓励科技创新及科技金融。在打造"有为政府"方面,需要以法律来规范政府的施政行为,完善政策性科技金融体系;在形成"有效市场"方面,完善金融基础设施,即发挥多层次资本市场作用、加大商业银行间接融资支持。

第一,建立国家的科技基本法。构建旨在激励科技创新的法律规范体系,规定财政资金对科技研发的支持,统筹各部门的职责,明确分工。例如,将全社会科研投入占 GDP 的比例纳入国家法律体系,赋予其法律强制力。

第二,完善政策性科技金融体系。在微观层面,单个高科技企业的失败可能性(风险)较高。在国家经济的宏观层面,高科技产业整体具有较强的经济正外部性,经济外部性使得单独由商业性机构(包括风险投资、商业性融资担保公司、商业银行)开展的科技金融业务整体具有高风险、低收益(或至少收益不确定)的问题,不具备商业上的可持续性。因此,仅靠市场机制难以达到科技资源的最优配置和社会福利的最大化,政府应适度干预。在实践中,需要国家建立完善的政策性科技金融体系,在承担高科技产业大部分风险的同时将大部分利益让渡给商业性机构,以达成商业上的可持续性。这样的政策性科技金融体系,既包括直接融资渠道中的财政出资设立的引导基金,也包括间接融资渠道中的政策性融资担保公司、政策性银行体系,此外还包括政府出资支持的孵化器、研发支持基金、对风险投资的税收优惠等。在目前开展的商业银行对科创企业投贷联动业务的试点中,地方财政出资支持的风险补偿与分担机制对于投贷联动的正常运行至为关键。

第三,发挥多层次资本市场的功能。从国际经验看,风险投资是金融支持科创企业的有效融资方式之一,资本市场是风险投资退出最明确也是收益最高的渠道。因此,风险投资业可持续发展的基础在于繁荣的资本市场。由于单一层次的资本市场不能充分满足科创企业挂牌或上市的需要,风险投资的退出机会缺乏。因此,我国需要发展包括区域性股权市场、新三板、创业板、中小板和主板在内的多层次资本市场,并建立不同层次市场之间的转板机制。

第四,加大商业银行间接融资支持。商业银行是我国最重要的金融市场服务主体,2016 年年末商业银行总资产达 181.69 万亿元,远高于证券业、保险业和信托业,商业银行经营模式和信贷投向对经济结构调整、发展动能转换、产业升级换代等将产生重大影响。建立完善的科技金融体系,破解商业银行审慎经营信贷文化与科创企业高风险特征之间的不匹配，需要政府部门发挥重要作用，包括借鉴发达国家在政策性银行支持、融资担保、风险分担、平台建设、政策扶持优惠等方面的经验，构建更加完善的支持体系，切实降低商业银行可能的信贷风险损失，提高开展科技金融服务创新的积极性和主动性。积极推动商业银行探索开展投贷联动试点，坚持以投资收益抵补信贷风险损失为核心，更好地发挥商业银行间接融资支持的功能，服务科技创新创业企业发展。

四、金融创新与科技创新共荣发展

包括互联网金融、金融科技在内的金融创新本来就诞生于科技进步。金融创新的目的之一就是支持实体经济的科技创新。这种金融创新反过来对科技创新的支持是自然产生的，两者之间有着天然的联系与交融。因此，以互联网金融、金融科技为主的金融创新必将对科技创新带来强有力的支持和支撑。

在未来发展中，要进一步彰显金融的资源配置功能，强化金融的风险管理优势，充分发挥金融对推动技术型企业创新发展的作用，助力技术成果的转化、应用和推广，特别是为中小微企业提供扶持，为其转型升级提供帮助，为其技术创新能力的提升创造优良的金融环境。

基于科技创新与金融创新融合发展的需求，金融企业要深入把握自身在科技创新领域的责任，积极为科技创新贡献力量。无论是传统银行业，还是互联网金融企业，都应科学把握科技型企业独特的金融需求，及时更新金融服务理念，优化组织结构，设计富有针对性与个性化特色的金融产品，以适应科技型企业的需求。此外，金融企业也要融入科技发展潮流，彰显时代特色，强化对新技术的应用，实现科学化管理，提高服务质量，特别是依托大数据技术，了解客户需求，对科技创新提供全天候优质服务。

为推进金融创新与科技创新共荣发展，一方面，要增强协作能力。要想为科技创新提供优质的金融服务，凭借金融机构的力量是有限的，而需要拓展融资渠道，调动金融市场中各种有利因素，特别需要风险投资、天使投资等符合科技创新特征的新金融模式，为科技型企业的各个发展阶段提供有针对性的服务。同时，也要加强金融机构与当地政府的协作，通过优化税收政策、提高财政扶持力度，鼓励金融机构为科技型企业提供帮助，为科技创新打造优良的政策环境。另一方面，要增强科技管理的能力。要不断提高风险管理能力，不断优化信用评价体系，科学预测并及时处理风险,激发社会科技创新的活力。

五、科技金融的重要现实意义

（一）科技金融是经济结构调整的驱动力

科技创新和金融创新对经济发展来说,相当于一辆汽车的 2 个轮子,这样的双轮,共同推动结构的调整,形成结构调整的动力驱动。科学技术是第一生产力,而科技金融才能真正将其转化为现实生产力,最终实现经济持续增长、产业结构优化等目标。

（二）科技金融是高新技术发展的助推力

科技金融具有推动金融资源配置、实现科技创新风险分担、有效实施科创企业激励约束的功能,从而推动科技创新的最终落实,完成科技创新实验室到市场化产品的"惊险跳跃"。高新技术企业是加快科技成果转化、实现科技创新的有效载体,高新技术企业发展需要持续的资金。仅仅依靠某一主体的资金扶持,高新技术企业难以获得长久发展的能力,坚持科技与金融相结合,才是有效解决融资问题的必要手段。通过科技与金融的有效结合,探索建立适合科技创新的金融体制、政策、工具,将有助于激发科创企业创新活力、加快高技术科研成果转化,这对推动高新技术产业的持续健康跨越式发展具有重要的现实意义。

（三）科技金融是保证国际资本竞争优势的重要保障

西方国家经济保持长期稳定增长根源在于强大的科技创新能力,在于其具有多层次的资本市场和引进国际资本的能力。当今全球竞争的主要方面即资本市场的竞争,各国均认识到,只有更好、更快地发展本国的资本市场,才能在国际资本竞争中赢得竞争先机。而目前,我国资本市场已逐步发展,并伴随科技金融改革的逐步推进,越来越多的创新创业企业通过金融创新政策、金融创新产品获得了融资支持,而不仅仅是通过银行间接融资形式。因此,科技金融的迅速发展有利于我国在国际资本竞争中获得竞争优势,形成良性循环的发展局面,将更能促进我国经济快速、平稳地发展。

第三节　技术驱动下金融的发展方向

一、可计算金融

可计算金融指的是基于数理统计与数据科学决策原理而实施金融分析和金融决策的特殊金融形态。金融经历了从票据化向数据化转变的发展阶段，而可计算金融将会发展成为金融业务的一种主流形式。量化金融形成于计算机技术与现代金融理论的发展过程中，是可计算金融的典型代表。自马克维茨创立投资组合理论，APT因素分析法，再到期权定价理论，在这一演变过程中金融理论数理化趋势日益鲜明。随着各种金融理论的形成，检验、验证及应用这些金融理论的量化交易也随之产生。量化交易建立于一定投资策略或模型的基础上，依靠预先编写的计算机程序开展自动化交易。量化交易在欧美市场得到普遍应用，相关统计显示，美国股市中来自量化交易系统的交易所占比例已达到70%。而在我国金融市场中，量化交易逐渐发展成为投资银行与投资机构的主要手段，但对于广大投资者而言，量化交易仍属于一种较为陌生的交易方式。由于量化交易具有专业技术性强和资金门槛高的特征，散户参与难度极高，金融机构则是开发和使用量化交易系统的主体。量化交易的投资模式在传统金融领域获得高度发展的同时，也逐渐向互联网金融领域发展，如以微量网为代表的量化投资策略在线交易平台，它在策略提供者与理财投资者之间创建了一个对接平台。微量网涉及策略研发、销售与交易多方面业务，投资者仅通过网页或手机控制云端的交易账户就能够实现投资策略的运行，开展无人值守的全自动交易，省去了安装软件的烦琐事宜，显现出极强的便捷性。这种交易模式显著降低了量化交易的门槛，冲破了机构所享有的专属特权，为普通大众进行量化交易提供了便捷平台，进而有力推动了普惠金融、普惠证券和投资理财的发展。

可计算金融内涵丰富，既包括针对传统的股票价值、债权定价等进行的量化分析，也包括通过复杂算法和机器学习实现社交数据的可计算化。美国Dataminr初创公司每天所需处理的Twitter信息将近4亿条，它以复杂的算法对人群的群体体征、情绪变化指数及突发事件等进行分析，其用户涉及金融机构、政府部门、新闻行业等多个领域。信息是造成金融市场波动的重大因素,在高效率的证券市场中,信息成为证券价格的决定因素。Dataminr 从社交媒体的海量数据中收集各种有效信息、预估市场情绪、发掘特殊信息、评判未来趋势,以提高投资者决策的科学性和准确性。该公司所创建的量化模式已获得市场认可。

作为可计算金融的一个分支,高频交易借助于证券市场极短时间存在的买卖价差或者套利空间开展高额交易和快速交易。这种交易是依托计算机程序而进行的自动化交易,其技术级别达到了纳秒级。美国著名金融作家迈克尔·刘易斯于《高额交易员》(*Flash Boys*) 中指出,到 2012 年高频交易创造了约 70% 的市场交易量。美国高频交易公司 Virtu Financial 在 2009—2013 年的 1238 个交易日里,仅有 1 天出现亏损现象,每天可获取的利润处于 130 万~150 万美元。这些交易数据表明,量化、高频化和自动化将逐渐发展成为未来金融行业的基本特征。

百融金服作为一家资信服务公司,它在追踪、搜集人和企业在互联网上的各种行为和数据的基础上对其做出分析和信用量化。以一定的算法将个体和企业的网上行为转化成为信用分数,协助银行针对能否借款、发卡等问题做出评判,这是防范欺诈的一种有效方式,也是其最大功能。当前,已有一些银行在信用卡审批发放过程中运用该实时查询办法,也有一些银行将这一方法运用于信贷审核程序。在互联网技术高度发达的现代社会,信息皆可留痕、搜集与计算。一切都可进行计算,一切都可反映信用,这推动了金融活动范围与领域的进一步拓展。

实际上,"可计算"的内涵可延伸为认知计算,这属于人工智能的一项重要内容。依托一定的互联网技术,我们可以将消费者的行为转化为数据形式,然后以某种算法对这些数据进行表征、描述及统计分析,标签法是其中一种具有代表性的算法。如一个人在使用互联网之后会留下各种痕迹,我们可根据 APP 使用偏好、访问或打开次数、停留时间、基于位置的服务(LBS)、互通情况、搜索或购买历史等诸多方面的信息,多维护追踪、搜索消费者行为,然后以数据标签的形式表现出来,最终运用特殊的金融算法将获得的标签信息转化成为信用风险定价的基本依据。

在可计算金融应用背景下,金融等同于算法,金融表现出鲜明的数字化和可计算化特征,逐渐呈现出算法化的发展态势。一个优质的金融理论或投资模式,一定能够被算法描述,并且具备可计算性和可验证性。

二、可视化金融

大数据时代的一个鲜明特征就是存在海量信息，并且拥有各种结构化数据和非结构化数据。以往我们在做出经济决策、开展研究工作时，最为担忧的是缺乏数据的支撑，而无法准确把握事物的发展状态和发展阶段。现如今，海量信息充斥于我们身边，在机器智能尚未完全实现时，我们依然需要人机交互。当前我们所进行的多数分析工作都是利用传统的柱状图、饼状图等二维数据模型而组建而成的，然而二维数据模型仅能达到从 3 个维度进行管理和判断的标准，而无法满足多维度和复杂关系的数据模型的高层次需求。此外，金融两端的参与者无法站在彼此角度思考问题，导致很多产品在上市之初就面临着失败命运。数据可视化有助于双方在同一平台相互模拟、评估和决策。

京东和阿里巴巴都各有一个巨型电子屏幕，其屏幕上清晰直观地展现了全国范围内的客户订单情况。可视化金融也是银行业发展的一个重要方面，一些银行利用内部信息部门或信息服务商，已成功开发出多项可视化金融应用。例如，某家银行开展网点可视化工程，通过可视屏幕观察分析各网点的基本运行情况，促使银行相关管理人员能够直接观看各网点的信息数据，既有助于增强网点行长的管理决策能力，也可以提高网点运行效率。银行网点叫号机应用可视化排队管理系统，大堂经理与客户均可轻松查询网点等待办理业务的人数，也可查询附近网点的等候人数，这成为各支行及时、合理调动和分配资源的基本依据。银行内部则可形成网点客户详细分析报告，针对客户平均等待时长、高端客户等待时长、异常等待时间等诸多方面的情况展开监测，并且对这些数据进行深入分析，以提高解决问题的科学性和针对性。各银行对于客户经理的考核也可运用金融可视化图表，通过加权算法清晰直观地展示客户经理的经营绩效。

在零售金融业务方面，可视化金融逐渐发展成为金融机构的核心竞争力，其中体现了银行和新型金融机构之间存在的显著差异。银行更加注重客户个人信息的安全性，却在信息可视化与服务便捷性等方面存在诸多弊端。而互联网金融是一种新兴行业，互联网金融企业则注重以更便捷和灵活且具备可视化的渠道展示其金融信息，销售金融产品，提供各项金融服务。相关数据表明，我国人均持有银行卡数量已超 3 张，甚至很多人持有同家银行的多张银行卡，或拥有多个基本理财账户和存单。客户迫切希望掌握自己在某家银行的所有资产的负债状况，然而银行仍未能向客户提交这样一份完整而详细的财务报告，银行对于可视化金融的全面应用仍然遥遥无期。而支付宝围绕网络购物提供多种金融服务，在可视化金融方面取得新成果。支付宝钱包推出账本功能，详细记录所有支付信息。它曾推出一项"开启十年账单"活动，可看作是个人零售金融业务可视化的突出代表。支付宝能够为广大客户提供简单明晰的分析图，将客户在支付宝平台上的支出与收益等各项财务信息以图表或图形呈现出来。伴随着可视化金融的发展与运用，未来个人可视化财务报告也终将会实现。

金融机构对于金融可视化应用有着广泛的市场需求，但在资源限制下仍然未能具备自主研发的能力，因而各类专业的可视化金融服务提供商应运而生，为金融行业提供其所需的可视化解决方案。北京海云大数据和广东威创视讯科技是其中的典型代表，它们以高度的研发能力致力于为客户提供包括硬件设备、软件平台及行业应用在内的一体化的可视化解决方案，促使群体沟通与决策更加便捷，其效果也更为显著。

金融可视化应用系统能够满足金融机构从总部到各个分支机构的各项业务需求，能够实时监测设备和业务的运行状况与工作效能，有助于协助工作人员及时解决相关问题。可视化金融系统将金融机构的多个终端设备的视频信号、RGB信号与网络信号实时显示于同一大型屏幕上，有助于及时获取各种日常监控数据，这成为全面掌握从服务器到设备再到机构工作人员的运行、工作状态的关键渠道。这种具有良好显示效果的大屏幕，为客户集中管理提供了便捷方式，是实现全球化背景下内外资金和资源流动、调配管理的重要手段。

在任何时期，企业都希望依托明确而精准的信息数据实施科学化管理，然而只有在互联网技术和数字技术的支撑下，这种需求才能真正得到满足。身处互联网时代，我们能以极为便捷的渠道和极低的成本记录多维、动态的企业经济活动，仅需0与1两个数字以二进制方式予以表征。二进制是一种计算机语言，其优势在于拥有统一的信息标准和高速运算能力，使信息交互能力显著提升。顺应信息化、可视化和数字化的发展潮流，可视化金融服务必将会渗透于所有金融应用场景之中，其原因在于所有企业无法脱离货币资金的运转，都需要运用可视化解决方案来提升资金运行效率。金融行业必然是可视化金融发展的核心领域，因而应在复杂多样的金融业务板块和产品线中合理把握商业机遇，小到优化某个具体的业务流程，大到优化结构、提高金融体系的效率。

可视化金融有其特殊价值,既能直接呈现纷繁复杂的金融数据,使人们直观感知金融流,检测金融信息流,及时发掘新的金融机会,也能推动人们的金融思维模式发生转变。我们应当利用数据可视化重新定义金融领域的数据模型,重新判断金融价值模型中的爆发点和增长点。

三、物联网金融

国际电信联盟(ITU)在信息社会世界峰会上发布了一份题为"The Internet of Things"的年度报告,对物联网的内涵做出了进一步的诠释和拓展,物联网是"任何时刻、任何地点、任意物体之间互联""无所不在的网络"及"无所不在的计算",因而互联网仍然是物联网的基础属性。物联网的主要特征在于利用信息技术实现万物互联,以万物互联为基本前提而进行信息交互,具有自我学习和自动控制等智能属性。物联网融合多个领域的技术,其核心技术结构是由感知层、信息汇聚层、传输层、运营层、应用层5个层面构成的。社会各界乃至世界各国一致认为,物联网拥有广阔的发展前景,美国、欧盟、日本等国家纷纷将物联网产业作为高新科技产业发展的重要战略目标。受到政府政策与市场需求的双重影响,我国物联网市场规模显示出极快的增长速度。随着物联网的广泛应用,人类未来社会将充斥着各种传感器,人类生活也会表现出信息化和数字化特征,物联网将会把一切可以连接的事物连接在一起。在物联网的深刻影响下,人类获取信息的方式发生了重大转变,同时也创造出更多的智能机器。

当前,互联网技术在消费领域获得了更为广泛的应用,随着移动互联网的发展、智能终端技术的提升、大数据与云计算技术的广泛应用及征信体系的逐步完善,互联网金融的基础设施建设达到了新高度,在数据分析的基础上形成虚拟的听觉、视觉、感觉和运动系统,进而从不同系统演化出各项设备与场景应用,这成为推动互联网金融发展的重要力量。在未来社会中,人类生产和生活将会更加依赖传感器,这些传感器是信息搜集与反馈的重要来源,将会成为人类经济和金融生活的必要部分。

基于物联网的飞速发展和广泛应用,物联网对金融产生的影响将会更加深远,也将重新构建我们当前的金融行为模式与存在形态。物联网金融的形成使金融行业和机构获得了更加多维和丰富、更具动态性的数据。以往我们的数据主要源于对于企业财务报表分析整理的结果,电商数据虽然异常丰富但也仅仅是商户的平台交易数据，而随着物联网介入实体经济，企业的产品数量和质量、物流仓储信息及销售信息都将融汇成为强大的综合信息流，可见物联网的运用促使大数据的内涵和特性更加突显，而且物的信息交互赋予人类金融活动和经济行为更为鲜明的可视化、可计算和直观化特性。物联网广泛存在于整个产业链的各个环节，能够对产业链上下游的经济运行状况做出综合分析，是高效管理行业风险和满足全产业链金融需求的有效途径。

在支付结算领域，物品会因自身的收发信息功能而产生信息属性，因而在保障信息安全的基础上极易设置支付功能。换言之，物联网能赋予任何物品以支付结算能力，在此基础上，我们将不再使用存折和银行卡，万物互联时代也将成为万物皆可支付的时代，而支付正是金融的基础功能。当物联网获取广泛的支付基础，它必然会对整个金融体系产生异常深刻的影响。一个物品安装传感器虽不足挂齿，但基于阀值效应，一旦成功突破某个临界值，就会发生从量变到质变的转化过程。

对于抵押物是否仍然是银行贷款的必要条件这一问题，其答案是很可能不需要。银行可以借助互联网全面而清晰地掌握企业的多项信息，运用计算机实时监测个人信用曲线，进而实现银行放贷效率的提升和成本的降低。

电商金融有其新奇之处，这种新奇体现于客户和商品信息的双向信息交互性，一方面，商品成为厂家至关重要的信息来源，其中反映着客户的喜爱偏好和独特的定制要求；另一方面，客户可以掌握商品的来源及其质量情况，以此为基础而开展的电商金融将会获得更加广阔的前景。在物联网技术的推动下，这种产销合一的经济模式取得了突破性进展。粉丝经济、产品体验互动都是产销模式的典型表现形式。小米手机在技术和系统产品的优化过程中积极邀请一群技术发烧友的参与；在游戏《第二人生》中玩家根据个人意愿创设游戏场景。在未来的金融产品中，以客户自我创造和自我服务为主导的个性化和定制化产销金融模式可能会日益增多。开源式的金融产品设计软件，实现了人们的个性化金融需求，并且通过对已有的基础工具进行组合而开展金融活动。众筹模式也将会逐渐发展成为产销金融的重点应用场景，项目投资者可根据个人意愿参与到某个创意项目的创作过程中，为项目提供一定的金融服务。阿里巴巴的娱乐宝虽然重在开发一款投连险产品，并以影视文化产业为投资方向，但它为大众提供了参与电影制作的机会，运用演唱会和见面会等形式而产生出强大的粉丝经济效应。这一方式既是筹集资金的一种重要渠道，也有助于强化项目进程中粉丝的参与性。

保险领域也发生了重大变化，即使投保人未与保险公司见面，但只要公司接收到投保人通过物联网传感器传递而来的信息，就可对保险标的进行精准的风险定价，这是建立在传感器所拥有的信息流的基础上的。针对人寿保险，可在人体植入芯片或安放可穿戴设备，实时监测人体健康状况，以获取生命体的动态性大数据。对于财产保险而言，其投保更为广泛，几乎所有物品都可纳入保险范围。总而言之，可信息化即可计算，可计算即可保险。

基于供应链的物联网金融是否能够成为占据主导地位的融资方式，是一个尤为重要的问题。物联网与金融之间的结合具备一定的天然性，当企业的产品、原材料、物流、销售等各方面信息都成功搭载于物联网平台之上时，物联网金融将会成为企业的一种理想化的融资方式。如果处于一个完整的供应链当中，所有企业的经营状况都清晰呈现出来，以此提高信用定价的精准性，并且依托整个产业链的资金流动来满足企业的日常资金需求。德国工业 4.0 计划从本质上而言就是一个建立在物联网基础上，具有自我生产和自我控制特性的高度智能化工业生产系统，也可称作"物理控制系统"。工业 4.0 计划运用集成控制将有智能感应的各种组件联系在一起，从而创建一个智慧生产系统。这个系统必然会同物联网金融高度融合，这是实现生产自动化的必要金融基础。如果要在一个分散协作的大规模工厂内生产一辆汽车，系统会以客户的价格定位与定制要求设计出组装方案，各个零件供应系统则会以事先设定的参数对成本和收益做出精准计算，然后在云金融平台上开展竞价投标活动。当这些生产交易自动完成后，客户会借助金融系统融资付款或进行信用贷款，继而完成自动生产。金融系统既能提高生产效率，也推动了资源配置最优化的实现。

此外，物联网金融还表现于智能可穿戴设备的金融应用。例如，可设计一款谷歌眼镜，它同时也是一种移动金融处理设备，其眼镜架具备感知人脑思维的特殊能力，在眼睛看到利率时，谷歌眼镜就会显示出同该利率相应的金融服务、理财产品和金融机构，并根据眼镜架获取的人脑思维信息，同时结合云端数据，实现精准性极高的决策、推介和操作，其运用将会为金融从业人员特别是金融交易员带来极大便利。在智能终端上运行的正是各种金融应用软件，因而开发出体验效果好、功能多样、具有高安全性的移动金融 App，为客户提供优质的金融顾问服务，成为研发智能终端设备的一项关键任务。

随着互联网技术和机器学习技术的日趋成熟,未来金融行业乃至各行各业的安防问题都会得到强有力的保障,进而为国家、社会和市场经济的健康有序发展提供有效保证。

四、虚拟金融

虚拟金融是以虚拟货币为主体的新型互联网资产创造、交易、支付、兑换等各项活动的总称,在互联网打造的虚拟世界中将会形成更多形态各异的非标准化金融产品。虚拟货币是虚拟金融的主要形态,它是在虚拟空间中形成的具有货币某种功能的价值表现形式。不同的状态空间中可能会形成不同的虚拟货币,社区货币、比特币都产生于一定的状态空间中,有其独特的应用场景。

(一) 社区货币

社区货币是特定状态空间内产生的一种货币形式,它来源于某个特定状态空间内特定群体进行交换和支付的需求。这种状态空间具有显著的虚拟性特征,如网络游戏社区,但现实支付方式无法满足人们在虚拟空间内的支付需求,虚拟货币由此形成。各种网络游戏币、虚拟积分都属于广义上的虚拟社区货币。由腾讯公司推出的Q币主要用于购买其内部虚拟增值服务,是深受欢迎的社区货币之一。Q币对人民币按照1:1的比例进行兑换,QQ秀、QQ会员、QQ空间、各种QQ游戏中增值服务的购买都依赖于Q币。腾讯的财务报表相关数据表明,80%以上的收入源自互联网增值服务,其中又有相当比例源于QQ游戏的增值服务。

社区货币有其独特性,它只能应用于特定空间,无法大规模兑换成人民币,仅能通过黑市渠道进行小规模兑换,因而仍不具备货币的一般等价物原则。然而在网络经济市场的发展潮流中,这种社区货币逐渐被赋予更加多样的应用场景,从而形成了部分发挥货币功能的可能性,而Q币正是这样一种典型的社区货币。这种网络虚拟场景中产生的虚拟货币,是货币虚拟化的初级形态。

在网络世界中,积分兑换系统是一个重要的社区货币应用场景。银行、商家、航空,甚至花店、洗衣店等各种商业机构发放各种积分卡,商家根据消费者的支付金额赠予一定数量的积分,而消费者可以使用这些积分兑换商品、服务或里程,但这种兑换行为仅能在特定空间内进行。随着积分兑换系统的逐步完善和升级,这些积分将可能会实现统一登记、统一兑换和统一交易,使积分显现出高度的灵活性,消费者可根据自我意愿换取相应服务,甚至设定一个兑换标准,即"货币单位"，促使积分兑换的便捷性得到极大提升，最终建立起超社区的虚拟货币体系。

（二）比特币

比特币是人类历史上首次由非政府机构发行并控制的货币系统，它显示出虚拟货币向真实应用场景渗透的发展态势。比特币的产生具有重大意义，它打开了虚拟金融向实体金融渗透发展的窗口。比特币实质上是一种基于加密防伪技术的支付系统，可以实现去中心化的点对点支付，比特币不同于常规的纸币或硬币，它是一种虚拟的数字货币或计算货币。2009年的一篇署名为中本聪的论文首次提及比特币，并且阐述了比特币设计的机制与原理。

在把握比特币的工作机制核心时，应高度关注比特币世界中的账簿、账簿链及交易单3个关键要素。账簿是由众多反映交易现金流的交易单构成的，其功能在于记录资金。账簿中保存着所有交易单，账簿数量极多，每10分钟就会产生新的账簿，每本账簿只记录比特币在全世界10分钟内的交易信息，账簿产生的过程就是所谓的"挖矿"。在此基础上，所有账簿将会以一定顺序组成一条唯一的账簿链，每本账簿都记录着前一个账簿和后一个账簿的索引，因而只要知道任何一本账簿就能向前或向后追溯所有账簿。若将比特币的要素同银行系统电子货币相对比，账簿可被视作银行的交易底账或台账，账簿链则与银行的对账底单相类似。比特币的最大特征体现在，它运用非对称加密与数字签名等技术手段保障交易安全。如果付款人甲要付款给乙，那么就需要甲资金来源交易单T1的所有数据及乙的公钥数据，将二者联合起来求一个Hash函数值X，然后甲要用自己的私钥对X加密，得到签名A，再将A发送到收款人乙，乙首先需要在上一张交易单T1中找到甲的公钥，将签名进行解密，得到函数值X，然后乙再将自己的公钥与上一张交易单T1结合，求出Hash函数值Y，如果$Y=X$，即证明交易是真实有效的。在整个交易流程中，这种加密技术安排是实现交易安全性和真实性的强有力保障。

比特币于2009年1月3日正式产生。2010年5月23日，比特币首次投入交易，美国佛罗里达州程序员拉斯诺·汉耶兹将1万枚比特币发给英格兰的一名交易者，后者用信用卡帮他从一家比萨零售店订购了2个比萨，这次跨越大西洋的间接支付交易就成为比特币用于现实支付的开端。在比特币的发展过程中，对比特币的接受度也在日益提升。目前，全球接受比特币的商户多达63 000家。

在比特币发展过程中也不可避免地存在一些问题，这些问题构成了比特币发展的制约力量。第一，比特币以其匿名性深受毒品与黑市交易者的欢迎，它被运用于旧金山"丝路"毒品交易平台，这是由于以比特币为交易中介有助于躲避政府监控，基于比特币在这种非法市场上的流通，比特币的价值才足以高达40亿美元。尽管政府可以依靠交易链查出交易电子地址，但电子地址具有虚拟性，不法分子可以不断更换电子地址以隐藏自身。第二，比特币也会被用做逃避制裁的一种交易工具。第三，比特币面临的最棘手问题就是黑客问题。比特币终究还是需要保存于电脑的闪存盘中，而网络黑客的存在对信息安全技术提出了重大考验，黑客盗取用户电子钱包中比特币的动机尤为突出。根据相关统计，约有10%的比特币被黑客盗走。对黑客的防范既可积极采取相应措施，也可委托像 Coin base 这样的电子钱包管理服务公司，这种公司在比特币的管理和安全保障方面具备更高的能力，但需收取1%的手续费。

监管层对比特币所持态度是影响比特币价值的一项重大因素。目前，世界范围内多数国家监管层对比特币作为法定货币流通于实体经济的问题持反对意见，仅有少数国家监管层认可比特币的资产价值，并且将比特币看作是具备部分交换功能的货币。2013年8月，德国也对比特币的合法地位给予认可，并将比特币归类为"私人资金"与"货币单位"。2013年12月5日，我国中央银行等五部委下达通知称，不予承认比特币的货币地位，但民众拥有买卖比特币的自由权利。通过密码与网络技术实现货币发行的去中心化是比特币的核心所在，这对中央银行和金融体系提出了极大挑战。

互联网时代，以比特币为代表的虚拟金融的出现有其合理性，尽管在当前的形态下它不可能将主流货币取代，而成为市场上广泛接受的流通货币，但它会继续存在，或许在发展过程中会衍生出不同的虚拟货币形态。

网络经济对人类产生了深远影响，去中心化的思维模式与行为方式也将会以其非凡影响力而逐渐发展成为社会中占据主流的行为规则。以比特币为代表的虚拟货币高度体现了货币发行形态上的去中心化特征。随着虚拟货币的产生和发展，对于虚拟货币的治理也呈现出民主化的发展趋势。2008年，比特币在金融危机的影响下迅速壮大，人们曾一度对货币失去信心，2014年2月28日，交易量占据全球比特币主要交易总量80%的比特币交易所 Mt. Gox 倒闭后，比特币在普遍不被看好的情况下仍然存留下来，其前途还需进一步验证。但虚拟货币的数字化机制设计、记账传输、加密存储及网上交易的基本原理构成了新数字货币诞生的重要基础。

（三）新型互联网虚拟资产

互联网对社会经济产生了巨大影响，在互联网技术的支撑下，未来的虚拟金融形态呈现出多样化的发展趋势。数据也是一种资产，这种趋势表明任何具有价值的数据集合都有转变成为资产的可能性。多个无价值的单一数据构成一个集合，会产生新的价值。在这种形势下，以数据为核心的虚拟产权交易市场由此形成。在网络环境中，游戏的账户、装备与道具，微信的大公众号，微博的"大V"，未发行的影视作品未来收益权等都属于虚拟资产。以网络的数据、信息与应用场景而形成的虚拟资产为交易对象或进行信用定价的金融活动都属于虚拟金融，这里的虚拟资产特指网络上产生的无形资产。

现阶段，这些新型虚拟资产的主要存在形式仍处于非标准化阶段，虚拟金融也表现出显著的初级性特征。随着虚拟资产的标准化发展趋势，虚拟金融市场规模也会随之扩大，甚至会对现实金融产品的管理和定价产生一定影响。当前，基于比特币的基金、风险投资及交易平台已初步形成，尽管其交易规模仍然有限，却表明虚拟金融的发展已经跨上了新台阶。

五、自金融

互联网的发展推动人类跨入了"自时代"，人类生活中充斥着自媒体、自组织、自设计及自制造等多种经济活动。博客、微博及微信公众号都有众多作者，他们可以自由发表观点或文章，此即自媒体；通过微信群进行社交活动，此即自组织；3D打印技术能将设计者或普通民众的想法转变为实物，此即自设计与自制造；各种智能计算机程序已经具备人工智能，此即自决策。无论是国外盛行的Facebook、Twitter，还是我国的微博、微信、腾讯等，都拥有巨大的用户量。互联网技术突破了时空限制，各种行为都可能会通过新的社交渠道和组织形式予以重组。

进入自时代，在互联网所带来的开放、分享、平等、协作的互联网精神的激励下，自金融随之形成。以往由中心化的组织或机构提供的各项服务和功能将逐渐被更多分散的、个体的去中心化的服务取而代之。在互联网时代金融行业正在发生着重大变革，大而全的金融机构依然存在，但自金融和人人金融组织形态逐渐生成，而且发展迅猛。

自金融的形成和发展有其内在逻辑：一是自组织大量涌现，传统金融服务无法满足其需求；二是大数据积累使自组织可以在其内部开展金融产业链的部分业务，以更低的业务成本获取一定的价值增值；三是这种自组织模式具有可复制性，而且其成本较低，能够与自时代经济体系相适应。从总体上看，人人组织呈现出自金融与泛金融的发展趋势，这种组织从某种程度上而言也是一种金融机构，都可能自发参与到金融活动之中。

在互联网环境下 P2P 发展到了高级阶段，并且成为自金融或人人金融的典型代表。而且所有信息都可以实现数据化，个人信用由此转化为高频数据的组合代码，个人资产负债表可实现云端共享。智能终端时刻都在关注着整个金融市场的变化，并为金融活动提供科学决策。你既可通过 P2P 进行网络借款贷款，也可选择在众筹市场进行融资，Ripple 能够提供实时的动态货币汇兑交易，任何拥有精准数据的资产都可实现网上交易。这就是自金融发展到一定高度而表现出的理想状态，人人参与金融的价值链活动分布式存储、计算、交易使金融配置资源的效率得到显著提升，最终趋近乃至达到零边际成本的一般均衡状态，但这种均衡是难以实现的。当前社会出现的各种自金融组织表明，我们已经迈入泛金融时代，任何拥有精准数据的企业或个人都具备开展金融业务的可能性，未来将会呈现出更多样的金融组织业态。

参考文献

[1] 保建云. 大数据金融生态系统、社会超群博弈与中国大数据金融战略[J]. 江苏行政学院学报, 2016（4）：42-49.

[2] 陈春宝, 徐筱刚, 田建中. SAS金融数据挖掘与建模：系统方法与案例解析[M]. 北京：机械工业出版社, 2017.

[3] 陈红梅. 互联网信贷风险和大数据[M]. 北京：清华大学出版社, 2015.

[4] 陈辉. 金融科技：框架与实践[M]. 北京：中国经济出版社, 2018.

[5] 陈慧. 我国商业银行应对互联网金融模式的策略研究[J]. 市场论坛, 2015（11）：44-45.

[6] 陈奇超. 论互联网金融的本质与金融结构[J]. 经济研究参考, 2015（56）：54-56.

[7] 陈文, 雷禹. 大数据应用：推进消费金融业务的利器[J]. 新金融, 2016（1）：32-35.

[8] 陈有为, 郭建峰, 温景岗, 等. 基于大数据的网络金融风险管理体系研究[J]. 经济研究导刊, 2017（32）：136-138.

[9] 陈志武, 黄益平, 巴曙松. 中国金融改革，未来会怎样？[M]. 杭州：浙江大学出版社, 2017.

[10] 储媛媛. 大数据时代银行业金融消费者隐私权保护机制研究[D]. 重庆：西南政法大学, 2016.

[11] 丁爽斯. 基于大数据的互联网金融欺诈行为识别研究[D]. 北京：首都经济贸易大学, 2016.

[12] 杜光辉, 郑艳娟. 物联网环境下金融大数据动态安全存储系统设计[J]. 现代电子技术, 2017, 40（23）：85-88.

[13] 段伟常. 区块链供应链金融[M]. 北京：电子工业出版社, 2018.

[14] 方秀丽, 吴灼亮. 大数据环境下基于B2C电子商务平台的供应链金融服务创新研究[J].

重庆科技学院学报（社会科学版），2016（7）：41-44.

[15] 冯文芳. 互联网金融背景下小微企业大数据征信体系建设探析 [J]. 国际金融，2016（3）：74-80.

[16] 付佳，张燕. 互联网金融弄潮儿：第三方支付 [M]. 北京：电子工业出版社，2015.

[17] 龚明华，宋彤. 关于系统性风险识别方法的研究 [J]. 国际金融研究，2010（5）：90-96.

[18] 官建文. 中国移动互联网发展报告（2013）[M]. 北京：社会科学文献出版社，2013.

[19] 郭宏毅. 大数据在金融风控和精准营销中的应用及大数据项目风险研究 [D]. 济南：山东大学，2017.

[20] 郭琨，李建平. 金融大数据标准规范体系比较研究 [J]. 大数据，2017（1）：12-18.

[21] 何诚颖. 智能金融变革 [M]. 北京：中国财政经济出版社，2018.

[22] 何飞，张兵. 互联网金融的发展：大数据驱动与模式衍变 [J]. 财经科学，2016（6）：12-22.

[23] 何平平，车云月. 大数据金融与征信 [M]. 北京：清华大学出版社，2017.

[24] 黄海龙. 基于以电商平台为核心的互联网金融研究 [J]. 上海金融，2013（8）：18-23.

[25] 蒋先玲，徐晓兰. 第三方支付态势与监管：自互联网金融观察 [J]. 改革，2014（6）：113-121.

[26] 蓝之瀚，曹凤. 大数据时代互联网金融犯罪特点及防控体系构建 [J]. 江苏警官学院学报，2017（6）：49-52.

[27] 李朝晖. 我国P2P网络借贷与小微企业融资关系的实证研究 [J]. 现代经济探讨，2015（2）：43-47.

[28] 李德伟，李安渝，姚前，等. 互联网金融理论与实践 [M]. 北京：中国标准出版社，2014.

[29] 李健. 互联网金融2.0时代商业银行应用大数据部署数字化营销的策略研究 [J]. 现代管理科学，2017（9）：33-35.

[30] 李麟，钱峰. 移动金融：创建移动互联网时代新金融模式 [M]. 北京：清华大学出版社，2012.

[31] 李文峰. 信息技术互联网络基因与金融创新检验：基于中国互联网金融发展的反思视角 [J]. 技术经济与管理研究，2016（4）：60-64.

[32] 李勇，许荣. 大数据金融 [M]. 北京：电子工业出版社，2016.

[33] 林长秀，林欣欣. 运用大数据建立社会征信体系的途径解析：基于银行业金融机构视

角的实例分析[J]. 征信, 2017 (5): 24-29.
[34] 刘仕冬, 郑彬, 沈平义, 等. 互联网保险产品适销性与产品开发[J]. 北方经贸, 2016 (2): 95-96.
[35] 刘中桃. 大数据时代传统银行向互联网金融转型探讨[J]. 湖北经济学院学报 (人文社会科学版), 2017, 14 (10): 37-39.
[36] 罗培新. 美国金融监管的法律与政策困局之反思: 兼及对我国金融监管之启示[J]. 中国法学, 2009 (3): 91-105.
[37] 罗圣美, 戚晨, 王敏, 等. 大数据平台在金融行业的典型应用[J]. 大数据, 2018 (2).
[38] 吕喜明. 大数据背景下互联网金融风险评价研究: 基于广义DEA模型及P2P网贷视角[J]. 会计与经济研究, 2017 (4): 91-110.
[39] 马杰. 大数据征信应用于互联网金融风控研究[D]. 北京: 对外经济贸易大学, 2015.
[40] 马梅, 朱晓明, 周金黄, 等. 支付革命: 互联网时代的第三方支付[M]. 北京: 中信出版社, 2014.
[41] 马兆林. 人工智能时代, 一本书读懂区块链金融[M]. 北京: 人民邮电出版社, 2017.
[42] 盛瀚. 大数据在金融行业的应用与挑战[J]. 科技创新导报, 2017, 14 (25): 117-122.
[43] 宋楠. 试论大数据时代的互联网金融创新及传统银行转型[J]. 时代金融, 2018 (8).
[44] 孙文胜. 网上银行监管体制的法律制度问题研究[J]. 经济视野, 2014 (1).
[45] 谭梦羽. 基于支持向量机回归与学习的金融数据预测与分类[D]. 西安: 西安电子科技大学, 2014.
[46] 唐浩增, 路璐. 用好大数据金融手段防范系统性金融风险: 关于打造"数控金融"平台的实践与思考[J]. 中国科技产业, 2018 (2).
[47] 唐宏飞. "大数据"时代人民银行经济预测和金融统计研究[J]. 上海金融, 2016 (2).
[48] 唐黎. 面向金融大数据的高效数据处理机制的研究与设计[D]. 北京: 北京邮电大学, 2014.
[49] 万建华. 金融e时代: 数字化时代的金融变局[M]. 北京: 中信出版社, 2013.
[50] 王达. 宏观审慎监管的大数据方法: 背景、原理及美国的实践[J]. 国际金融研究,

2015, 399 (9): 55-65.

[51] 王达. 美国互联网金融与大数据监管研究 [M]. 北京：中国金融出版社, 2016.

[52] 王光宇. 互联网金融挑战传统银行业 [J]. 银行家, 2014 (1).

[53] 王连洲, 王巍. 金融信托与资产管理 [M]. 北京：经济管理出版社, 2013.

[54] 王彦博, 刘曦子, 陈进. 大数据时代商业银行小微金融客户续贷预测研究 [J]. 浙江社会科学, 2017 (6).

[55] 王怡靓. 基于金融大数据的国家反洗钱计算机网络系统建设 [J]. 金融发展研究, 2017 (6): 62-66.

[56] 王永红. 大数据背景下我国金融服务体系的改革途径 [J]. 经贸实践, 2018 (4).

[57] 王雨霖. 大数据时代的金融：金融管理系统数据挖掘的研究与效用 [M]. 上海：复旦大学出版社, 2016.

[58] 温从华, 王佳林, 林岳龙, 等. 基于大数据技术的量化交易策略及金融监管 [J]. 中外企业家, 2016 (29): 36-38.

[59] 闻娜. 基于大数据的互联网金融个人征信体系研究 [D]. 长春：吉林大学, 2016.

[60] 吴敬龙. 金融大数据平台部分模块的设计与实现 [D]. 北京：北京交通大学, 2015.

[61] 胥爱欢. 互联网金融创新挑战：大数据、跨界经营与权利异化 [J]. 西南金融, 2016 (6): 14-18.

[62] 徐明星, 田颖, 李霁月. 图说区块链：神一样的金融科技与未来社会 [M]. 北京：中信出版社, 2017.

[63] 杨春柏, 金彪, 李辉. 区域经济发展中的创新机制研究 [J]. 湖北社会科学, 2017 (1): 86-91.

[64] 杨春柏, 谢永建. 新时代互联网金融理论与实践探究 [M]. 北京：光明日报出版社, 2017.

[65] 杨春柏. 科技全球化对中国科技发展的影响及对策 [J]. 产业与科技论坛, 2009, 8 (11): 34-36.

[66] 杨春柏. 农村民间金融支持小微企业发展策略 [J]. 企业经济, 2013 (9): 89-92.

[67] 杨春柏. 欠发达地区中小企业融资现状及对策研究 [J]. 科技信息, 2010 (31): 433-434.

[68] 杨春柏. 小微企业民间金融支持与制约研究 [J]. 山东社会科学, 2013 (1): 177-179.

[69] 杨春柏. 针对互联网金融、社区银行与小微企业间接融资的研究 [J]. 商场现代化, 2015 (24): 155-157.

[70] 杨维忠,张甜,刘荣. SPSS 统计分析与行业应用案例详解 [M]. 北京:清华大学出版社, 2015.

[71] 余丰惠. 金融科技:大数据、区块链和人工智能的应用与未来 [M]. 杭州:浙江大学出版社, 2018.

[72] 张继红. 论我国金融消费者信息权保护的立法完善:基于大数据时代金融信息流动的负面风险分析 [J]. 法学论坛, 2016 (6):92-102.

[73] 赵建超. 大数据背景下金融统计未来的发展方向 [J]. 中国统计, 2015 (4):6-7.

[74] 赵增奎,宋俊典,庞引明,等. 区块链:重塑新金融 [M]. 北京:清华大学出版社, 2017.

[75] 郑志明,缪绍日,荆丽丽. 金融数据挖掘与分析 [M]. 北京:机械工业出版社, 2015.

[76] 周高华. 一本书读懂互联网支付 [M]. 北京:人民邮电出版社, 2015.

[77] 周宏达. 余额宝开启基金"宝时代" [J]. 中国金融家, 2013 (9):94-96.

[78] 周三俊. 大数据时代的金融档案管理及其应用 [D]. 南昌:南昌大学, 2016.

[79] 周帅. 全球金融治理变革研究 [M]. 北京:社会科学文献出版社, 2018.

[80] 周伟,张健,梁国忠. 金融科技:重构未来金融生态 [M]. 北京:中信出版社, 2017.

[81] 朱宇峰. 电商金融大数据价值提取与空间关联挖掘应用研究 [D]. 赣州:江西理工大学, 2017.

[82] 邹丽. 基于大数据的小微企业融资模式研究:以阿里金融为例 [J]. 财会通讯, 2016 (32).

[83] 邹文涛. 面向金融大数据的内容管理方法的设计与实现 [D]. 北京:北京邮电大学, 2016.